彩图 1 景泰蓝

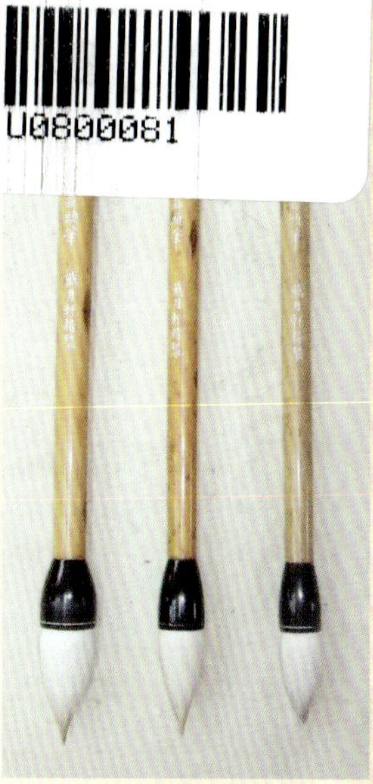

彩图 2 戴月轩毛笔

彩图 4 北京料器

彩图 7 泥人张彩塑

彩图 5 北京织毯

彩图 3 北京绢花

彩插 10　辛集农民画

彩图 6　杨柳青年画

彩插 9　磁州窑

彩插 8　风筝魏

彩插 11　馆陶黑陶

彩插 18　土家西兰卡普

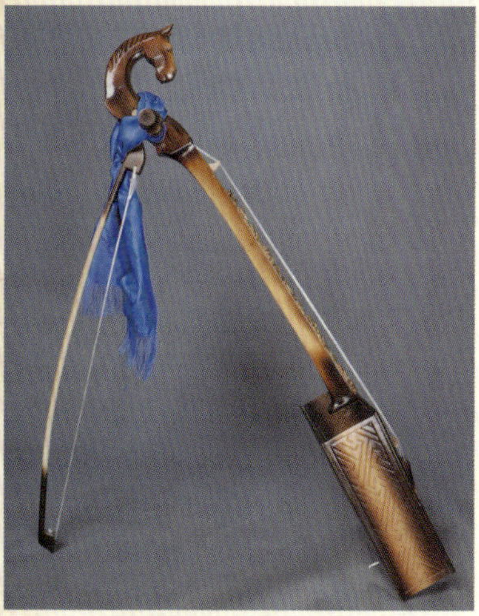
彩插 14　马头琴

彩插 12　平遥推光漆器

彩插 19　洪湖羽毛扇

彩插 16　巴林石雕

彩插 13　澄泥砚

彩插 24　盘砚

彩插 28　潍坊风筝

彩插 15　蒙古刀

彩插 23　道口锡器

彩插 22　浏阳花炮

彩插 26　湘东傩面具

彩插 25　钧窑

彩插 20　菊花石雕

彩插 17　通辽版画

彩插 33　常州梳篦

彩插 30　扑灰年画

彩插 21　湘绣

彩插 27　景德镇瓷器

彩插 29　鲁绣

彩插 31　雨花石

彩插 32　桃花坞木刻年画

彩插 35　龙舒贡席

彩插 40　漳州木偶

彩插 37　黄杨木雕

彩插 39　善琏湖笔

彩插 34　宣纸

彩插 38　萧山花边

彩插 41　福州脱胎漆器

彩插 45　粤绣

彩插 42　寿山石雕

彩插 44　嘉定竹刻

彩插 43　厦门漆线雕

彩插 36　万安罗盘

彩插 51　壮族织锦

彩插 48　金漆木雕

彩插 47　端砚

彩插 52　钦州坭兴陶器

彩插 46　广彩

彩插 49　织金彩瓷

彩插 53　椰雕

彩插 56　贺兰石雕

彩插 55　滩羊裘皮制品

彩插 54　黎锦

彩插 50　象牙雕刻

彩插 58　回族礼拜帽

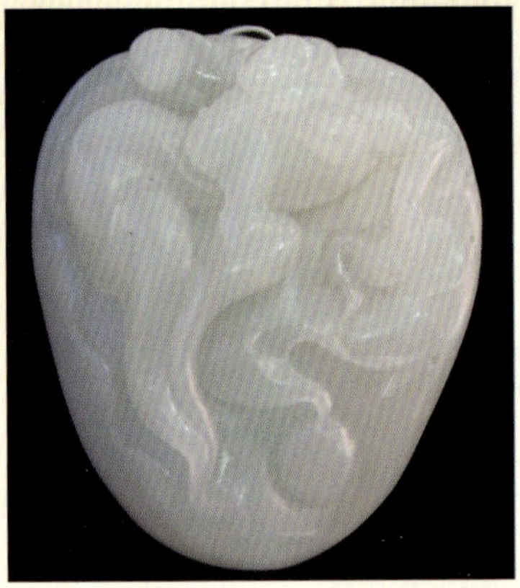

彩插 59　和田玉

彩插 62　昆仑玉

彩插 57　回族乐器牛头埙

彩插 60　维吾尔花帽

彩插 61　维吾尔桑皮纸

彩插 63　塔尔寺酥油花

彩插 64　藏族堆绣

彩插 66　陕北剪纸

彩插 68　耀州窑陶器

彩插 70　天水雕漆

彩插 69　酒泉夜光杯

彩插 67　安塞腰鼓

彩插 65　蓝田玉石

彩插 71　洮砚

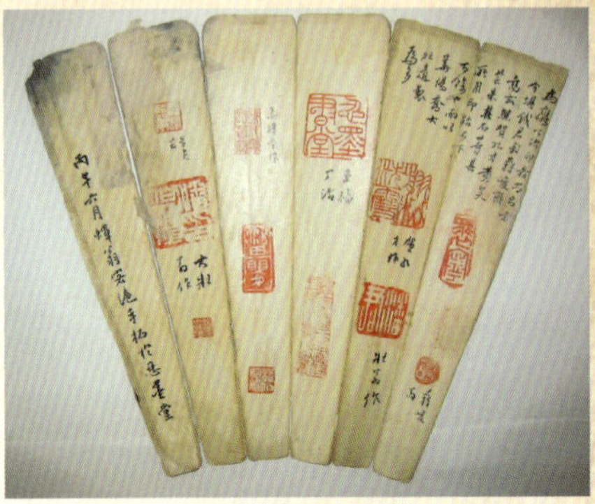

彩插 76　蜀笺

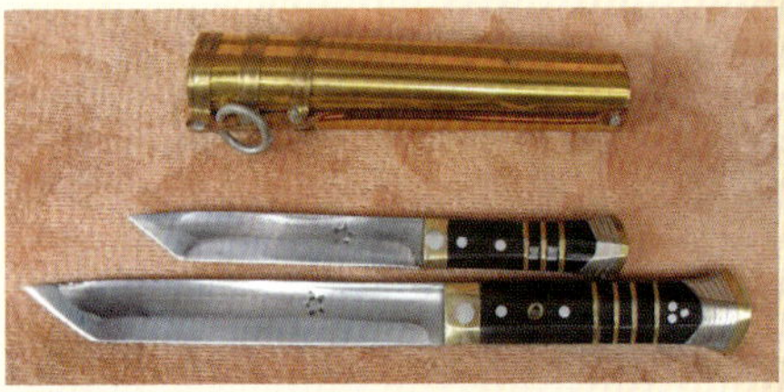

彩插 74　保安腰刀

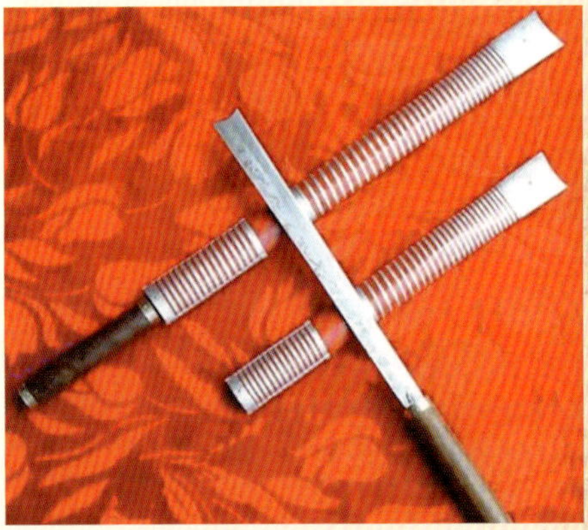

彩插 80　阿昌族户撒刀

彩插 75　瓷胎竹编

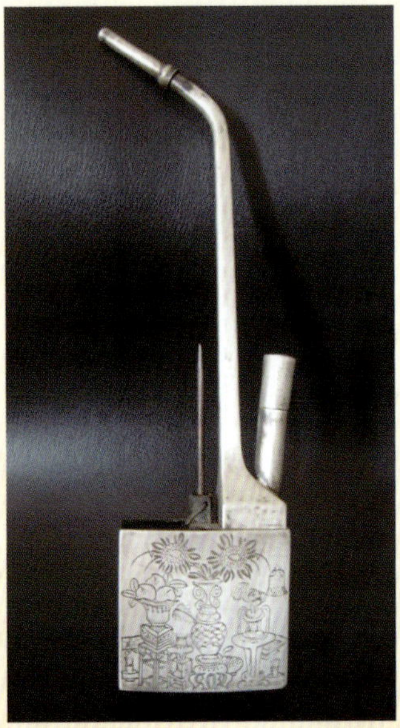

彩插 72　兰州水烟

彩插 73　庆阳香包

彩插 77　蜀绣

彩插 78　蜀锦

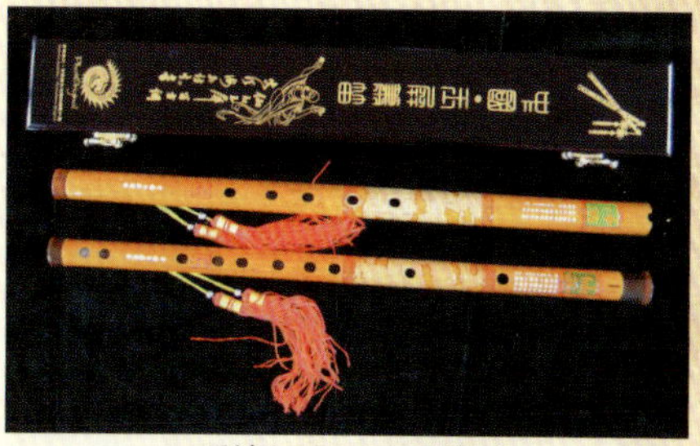

彩插 83　玉屏箫笛

彩插 79　纳西族东巴画

彩插 81　白族扎染

彩插 82　云南民族服饰

彩插 84　蜡染制品

彩插 86　唐卡

彩插 85　苗绣

彩插 87　藏腰刀

彩插 92　吉林彩绘雕刻葫芦

彩插 88　西藏地毯

彩插 93　哈尔滨牛角画

彩插 91　辽砚

彩插 89　荣昌折扇

彩插 94　赫哲族鱼皮制品

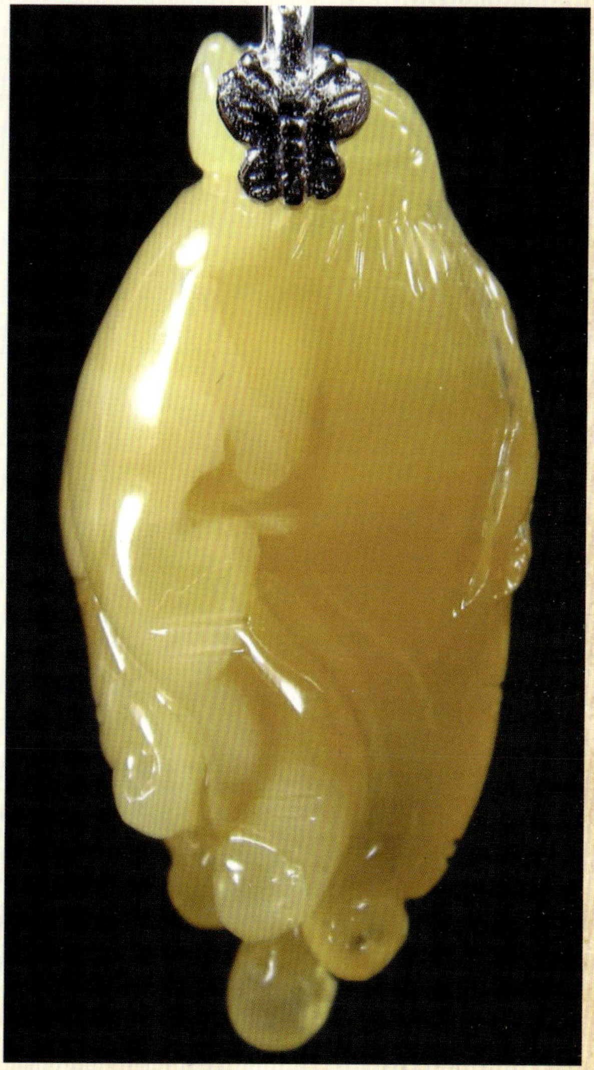
彩插 90　抚顺琥珀雕刻

彩插 96　香港玩具

彩插 98　葡国葡萄酒

彩插 99　莺歌陶瓷

彩插 95　香港玩具

彩插 97　香港金饰

彩插 100　美浓油纸伞

淘宝中国 CHINA

乐耕耘 编著

搜索

红旗出版社

图书在版编目（CIP）数据

淘宝中国／乐耕耘编著．
—北京：红旗出版社，2013.12

ISBN 978-7-5051-2914-6

Ⅰ.①淘… Ⅱ.①乐… Ⅲ.①特产－介绍－中国
Ⅳ.①F762.7

中国版本图书馆 CIP 数据核字（2013）第 307255 号

书　　名：淘宝中国
编　　著：乐耕耘

出 品 人：高海浩　　**责任校对：**藏杨文
总 监 制：徐永新　　**封面设计：**博雅工坊
责任编辑：陈　豪　　**版式设计：**博雅工坊

出版发行：红旗出版社
地　　址：北京市沙滩北街 2 号
邮　　编：100727　　**编 辑 部：**010－82061212
E - mail：hongqi1608@126.com　　**发 行 部：**010－64024637
欢迎品牌图书项目合作　　**项目电话：**010－84026619
印　　刷：北京盛兰兄弟印刷装订有限公司

开　　本：710 毫米×1000 毫米　1/16
字　　数：194 千字　　**印　　张：**14.25
版　　次：2014 年 5 月北京第 1 版　2014 年 5 月北京第 1 次印刷

ISBN　978-7-5051-2914-6　　**定　　价：**29.80 元

序

我们中国是个历史悠久、地大物博的泱泱大国，中国九百六十万平方公里的陆地上，山峦巍峨、河流壮阔、湖泊绮丽，草木葳蕤，在丰美的自然景观之上，勤劳智慧的中国人民创造了跌宕壮美的历史和古韵悠长的文化，不论是薄柔雅致的陶瓷或者莹润俊秀的玉器，还是香气绕舌的香茗或者针法绝伦的绣品……这些让西方博物馆为之荣耀的藏品宝物，都深深地刻印着中国的符号，在西方人的眼里，这些都代表了最纯正也最玄妙的——东方文化！

笔者在北京的街头常常看到很多外国友人捧着一套京剧脸谱，或者一副皮影，惊艳地叫着“China”；而在江苏，街上的店子里摆满了琳琅满目的绣品和丝绸，店主一脸骄傲地介绍着这些蕴涵着姑苏千年文化的货品；在安徽游历，弥漫在空气里的墨香，会时时提醒你，这里是徽墨的故乡；到了西藏，在吃饱了酥油茶之后，你不自觉的就会被那些精致的藏刀、银饰所吸引……其实这些精美的中国之宝只是一个载体，真正让人们着迷的，是这些宝物特产所承载着的深厚文化底蕴。

走遍祖国各地，理应在各处淘上一些具有地方特色的宝物，当回到家中，将这些特色宝物拿出来的时候，就如同开启了一段奇妙的回忆之旅，在这些精美的特产宝物之上，仿佛映射出旅游地那些有趣的风土人情，让你不由想起当地秀丽的自然景象，感受到的是那份沉甸甸却温暖于心的文化。

可是由于没有时间游走于山水之间，又不想错过那些在中国大地上孕育的、迷人而又悠远的文化，怎么办呢？《淘宝中国》这本书会把全国各地的重点特产宝贝“一一陈列”而出、娓娓道来，在文中除了会给大家介绍各地区淘来的中国宝物的特点、制作工序等，还会提及宝物背后所蕴涵的历史文化、与宝物相关的美丽传说，较为详尽的讲述，让你坐在家中也可以享受到千里之外的文化艺术、风土人情，在这本书当中，你既能够感受到每件宝物背后所蕴藏的文化，你还可以看到这些精致特产宝物的图片，这样，你就可以更为真切地感受到每一件特产宝物身上所蕴涵的艺术气质了。

让你随书去旅行，轻松感受全国各地的风物秀美；让你随图去感悟，静静享受全国各地的绚烂文化……这就是这本书编写的意义所在。

希望读者在看到这本书的时候，能真切地欣赏到中国各地的文化宝物之美，领略到淘宝中国的乐趣。

To Search rare treasures in China

目 录

I 序

1 第一章 搜宝华北

3 第一节 在北京“寻宝”

3 景泰蓝

5 雕 漆

6 北京戴月轩毛笔

8 北京绢花

9 北京宫灯

11 北京料器

13 北京织毯

16 第二节 在天津“寻宝”

16 杨柳青年画

18 泥人张彩塑

20 风筝魏

22 天津砖刻

24 第三节 在河北“寻宝”

24 磁州窑

26 魏县土织布

27 辛集农民画
29 馆陶黑陶
30 **第四节 在山西“寻宝”**
30 侯马蝴蝶杯
31 平遥推光漆器
33 澄泥砚
35 **第五节 在内蒙古“寻宝”**
35 马头琴
36 蒙古族银碗
37 蒙古刀
38 巴林石雕
40 通辽版画
41 桦树皮手工艺品
43 **第二章 寻宝华中**
45 **第一节 在湖北“寻宝”**
45 土家西兰卡普
47 金漆盆盘
47 洪湖羽毛扇
50 **第二节 在湖南“寻宝”**
50 花瑶挑花
51 菊花石雕
52 湘 绣
54 浏阳花炮

56 第三节　在河南“寻宝”

56 道口锡器

57 浚县泥咕咕

59 盘　砚

59 钧　瓷

61 第四节　在江西“寻宝”

61 湘东傩面具

62 景德镇瓷器

64 铅山连四纸

65 万载夏布

66 宜春脱胎漆器

67 **第三章　探宝华东**

69 第一节　在山东“寻宝”

69 潍坊风筝

70 鲁　绣

71 扑灰年画

73 第二节　在江苏“寻宝”

73 雨花石

75 桃花坞木刻年画

76 常州梳篦

78 南通蓝印花布

80 第三节　在安徽“寻宝”

80 宣　纸

82 芜湖铁画

83 青阳折扇

85 龙舒贡席

86 万安罗盘

88 **第四节　在浙江“寻宝”**

88 黄杨木雕

90 瓯　绣

91 萧山花边

92 双林绫绢

93 善琏湖笔

96 **第五节　在福建“寻宝”**

96 漳州木偶

98 福州脱胎漆器

99 寿山石雕

100 平潭贝雕

103 厦门漆线雕

105 **第六节　在上海“寻宝”**

105 顾　绣

107 嘉定竹刻

109 **第四章　宝满华南**

111 **第一节　在广东“寻宝”**

111 粤　绣

113 广　彩

114 麦秆贴画

115 端　砚

116 金漆木雕
117 织金彩瓷
118 象牙雕刻
120 **第二节 在广西“寻宝”**
120 壮族织锦
121 毛难族花竹帽
122 钦州泥兴陶器
124 **第三节 在海南“寻宝”**
124 椰 雕
125 海南黎锦
127 **第五章 淘宝西北**
129 **第一节 在宁夏“寻宝”**
129 滩羊裘皮制品
130 贺兰石雕
131 回族乐器口弦
132 回族乐器牛头埙
134 **第二节 在新疆“寻宝”**
134 喀什土陶
136 和田玉
137 维吾尔花帽
138 维吾尔族桑皮纸
140 **第三节 在青海“寻宝”**
140 青海昆仑玉

141 土族盘绣
143 塔尔寺酥油花
144 藏族堆绣
146 **第四节 在陕西“寻宝”**
146 蓝田玉石
147 西安戏人泥哨
148 陕西剪纸
149 安塞腰鼓
150 耀州窑陶器
152 **第五节 在甘肃“寻宝”**
152 酒泉夜光杯
153 天水雕漆
154 洮 砚
156 兰州水烟
157 庆阳香包
158 保安族腰刀
161 **第六章 觅宝西南**
163 **第一节 在四川“寻宝”**
163 瓷胎竹编
164 蜀 笺
165 蜀 绣
166 蜀 锦
168 夹江竹纸

169 第二节 在云南“寻宝”
169 纳西族东巴画
171 阿昌族户撒刀
172 白族扎染
173 苗族芦笙
174 云南民族服饰
176 第三节 在贵州“寻宝”
176 玉屏箫笛
177 蜡染制品
180 苗 绣
181 第四节 在西藏“寻宝”
181 唐 卡
183 藏腰刀
184 西藏地毯
186 第五节 在重庆“寻宝”
186 荣昌折扇
188 荣昌陶器
189 第七章 东北宝库
191 第一节 在辽宁“寻宝”
191 抚顺琥珀雕刻
192 辽 砚
194 第二节 在吉林“寻宝”
194 朝鲜族服饰

195 吉林彩绘雕刻葫芦

197 **第三节　在黑龙江“寻宝”**

197 哈尔滨牛角画

199 赫哲族鱼皮制品

201 **第八章　明珠港澳台**

203 **第一节　在香港“寻宝”**

203 香港玩具

205 金　饰

207 **第二节　在澳门“寻宝”**

207 澳门版画

208 葡国葡萄酒

211 **第三节　在台湾“寻宝”**

211 三义木雕

212 莺歌陶瓷

213 美浓油纸伞

淘宝中国

To Search rare treasure in China

第一章 搜宝华北

华北，是我国古代文明的中心，厚重的历史、淳朴的民风、美丽的自然风光，使得这里成为近年来旅游者热选的目的地之一。华北的自然和人文环境都相当不错，地理位置得天独厚，再加上北京、天津这两颗明珠在奥运期间大放异彩，逐渐发展成为国际化大都市，整个华北在它们的光华之下，变得更加美丽动人。

且不说内蒙古广袤的草原上，牛羊遍地、牧歌悠远；燕赵大地上随处可寻的历史遗迹，磁州窑纹路秀美，古色古香；也不说山西的澄泥砚细如童肤，墨香韵长，诸多古城让人置身其中恍如梦回千年；天津的租界区异域风情迷人优雅，小吃、曲艺堪称双绝；单说在古都北京，故宫的雄伟辉煌，颐和园内亭台秀雅，处处都洋溢着东方气质，让游人流连。北京作为全国的政治文化中心，城市的格局犹如棋盘一样宏伟整齐，气派非凡，自古以来北京人就比较讲究礼数，相当具有尊贤礼让的风范，也许是承八旗子弟余风之沐浴，加之官文化的熏染，惯以居高临下之姿态看人，正所谓“居高故睥睨世界，纵横捭阖”，善于耍贫嘴的北京人被我们亲昵地称为“京油子”，而北京最大的魅力却是其无比深厚的文化历史底蕴，吸引着南来北往之客，越来越多的文化名人扎堆于此，赋予这座城市愈发浓厚的文化气息。

除了感受浓厚的历史文化底蕴、观看美丽的景致之外，在整个华北兜上一圈儿，你更会搜罗到各地数不清的特产宝物，我猜你一定还惦念着给家中的亲友带些旅游纪念品，让他们也一起来感受华北独特的魅力吧？那就让我们一起去把华北各地的特产宝物搜个够吧！

第一节 在北京“寻宝”

北京，是中国的首都，也是元、明、清三代王朝的故都，近千年的历史文化积淀，赋予这座城市雍容、典雅的气质，而北京又是一座迅速发展着的国际都会，在这里，传统与时尚碰撞着、融合着，为这座古老又美丽的城市注入了无穷的魅力与活力。

北京的特产宝物有着非常浓重的传统色彩，例如那些流光溢彩的景泰蓝、素雅厚重的北京雕漆、具有强烈宫廷色彩的北京宫灯……处处装点着这个城市的名片，像北京料器、北京绢花等也是所有来到北京的游客爱不释手的绝好宝物。

景泰蓝

这景泰蓝，可是老北京工艺品中的四大名旦之魁首，它历史悠久、造型典雅、色彩鲜艳，非常招人喜爱，以前更是宫廷御用的宝器，如今的故宫里还珍藏着许多景泰蓝珍品呢！由于景泰蓝的釉彩主要以孔雀蓝和宝石蓝为主，所以才得了景泰蓝这个名字，现如今各种颜色都已经能够烧制而成，但是仍然沿用了最初的名字，原因是景泰蓝已经成了工艺名称。景泰蓝还有个名字，叫做“铜胎掐丝珐琅”，这是一种以紫铜为胎，铜线掐花，中间充入珐琅釉，经烧制而成的高档工艺品。

景泰蓝的历史可以追溯到元代，在明朝的时候，景泰蓝更是受到皇帝的热烈喜爱，从此这种宝器盛行开来，关于这景泰蓝的由来，还有一个民间传说，话说在元代的时候，有一天皇宫里突然起了大火，把很多奇珍异宝都烧毁了，皇帝大怒，下令捡敛受损宝物的时候，却发现了一件让他爱不释手但又想不起出处的宝贝，后来他就下令让城中的工匠们依着这个瓶子的样儿重做一个，这可难坏了城中那些能工巧匠，他们谁也想不出这个瓶子是怎么来的，后来有一天，有个德高望重的老工匠做了一个梦，梦里仙女指点他用白芨水粘住金丝和瓶体，在那金丝掐制的团花锦簇里充进彩釉，入八卦炉里烧制之后，像琢玉一般精心磨制，这样做出的彩瓶真如天上的宝瓶一般，这个宝瓶当时进献到宫里，立刻得到了皇宫贵族的喜爱，也因此，景泰蓝还得了个名字——“奇宝烧”。

历数几个朝代的景泰蓝，要数明代时制作的瓷器品质最好，在这一时期其主要采用紫铜胎制作而成，从器物的外观上来看胎体较为厚重，因此其造型上也多以仿古的比较多见，而且这一时期的仿青铜所用的彩釉一般都采用的是天然矿物质料，其色彩红的就像宝石红，绿的就像松石绿，看起来深沉又逼真，那时的器皿上的丝掐得也比较粗，镀金部分一般金水涂的也比较厚，另外在彩釉上会有许多的砂眼，上面还落款有“大明景泰年制”或“景泰年制”字样，字样在底款、边款上均有体现。到了清代，景泰蓝的锻造工艺与明代相比略有提高，釉的色彩方面更加的鲜艳，而且釉体上不会存在砂眼，花纹的图案也比较多样化，文饰方面没有明代的显得生动，镀金部分金水也没有明代的厚，但是颜色明显要比明代的漂亮些。再就是中华民国时期的景泰蓝了，这一时期的景泰蓝总体水平上来看没有前代的好，整体胎体都偏薄，色彩鲜艳但是却不凝重，做工也很粗糙，在这一时期唯有“老天利”和“德兴成”制作的景泰蓝做工尚且细致质量稍好一些，造型方面也基本上仿照古铜器，再不然就是仿造乾隆时的精品。

作为工艺品的景泰蓝，其主要的制造方法就是用各种颜色的珐琅质在铜器的表面涂上花纹，再在花纹的周围嵌上铜丝或金银丝，然后使用高温烧制而成，现如今，经过明清时代的不断改良与发展，再加上新中国的能工巧匠，景泰蓝不仅颜色上更加的斑斓多彩，形体制造上也有了不少的创新。

现如今景泰蓝主要被作为陈设品拜访，不再是一些实用的器具，由于景泰蓝造型各异，纹饰品种也很多，成为精美华贵的艺术品，受到越来越多工艺品收藏爱好者的一致追捧，景泰蓝现在早已成为国际友人之间或者亲朋好友礼尚往来的珍贵礼品。

雕　漆

北京雕漆，又叫剔红，这可是北京一宝，它不同于其他漆器，而是在漆胎上大量涂漆，有时甚至会涂上几百层漆，厚度可达 15—25 毫米，然后再用刻刀在漆上雕刻，故得名“雕漆”，北京雕漆造型素雅厚重，纹络精美、色泽光洁，并且耐潮抗热、不易变质，是北京工艺品的四大名旦之一。

说到雕漆，那真是历史悠久，从唐代就有了剔红工艺，后来在宋元两代得到发展，而在明清两朝则大大兴盛起来，这一提起北京雕漆的兴盛，咱就不得不说到乾隆皇帝，这位帝王非常喜爱雕漆制品，因此在乾隆一朝，雕漆生产空前繁荣，北京雕漆制品的品种跟着丰富起来，不只是制作雕漆家具，瓶瓶罐罐之类的摆件也多了起来，雕漆的图案变得复杂多样，有侍女、鸟兽、佛陀、古典故事人物等，雕漆的表面也常会镶嵌玉石、陶瓷等进行装饰，这样制成的雕漆制品华美而庄重，非常惹人喜爱。

北京的雕漆主要有两种，一种是雕漆，其工艺主要是在公元 14 世纪日趋成熟的，可以说历史相当悠久了，雕漆主要用铜为胎烧制而成，在口边还会有镀金镶嵌，在胎上经常会采用红、绿、黄等颜色的漆进行涂刷，涂上近百层后，等漆完全阴干，开始进行下一步的雕刻，在雕刻方式上又将其分为了浮雕与镂雕等；另外一种就是金漆镶嵌，其主要是采用彩漆进行勾金、螺钿进行镶嵌、金银平脱、刻灰和磨漆画等。雕漆的制作工艺很复杂，大体分为设计、制胎、涂漆、画样、雕刻、磨光等共计十多道工序，其中的雕刻工序是整个过程中最为重要的，现在的雕刻手法有平雕、浮雕、镂空雕等，刀工要求层次分明，刀法利落，纹路均匀，只有这样雕出的雕漆制品才可堪与自由挥洒的绘画作品比肩，而漆色也从原来单一的红色发展为黄、白、茶红等多种底色。

雕漆制品既古朴沉稳又浑身珠光宝气，有种皇家的气概，带有浓厚的北京味儿，堪称一种绝佳的工艺精品，如今的北京雕漆因古朴的气质和个性十足的图案，深受工艺品爱好者的追捧。

北京戴月轩毛笔

北京戴月轩毛笔，是老北京一种很有名的毛笔，当时有一位叫做戴月轩的人，其凭借着高超的制笔手艺，在北京琉璃厂一带开了一家笔店，戴月轩制作的笔技艺精湛，凡是经过戴月轩精湛技艺整修过的笔都卖得特别的好，书写者都称他制作的笔与其他的笔使用后的效果大有不同，由于反响不错，从此笔店制作的毛笔就开始在笔杆上印上了“戴月轩”三个字进行出售，逐渐的戴月轩毛笔开始名闻遐迩，声震四方，而笔匠戴月轩的名字也为众人所知。

戴月轩名斌，号月轩，他本人来自“湖笔”的故乡浙江湖州，在幼年的时候戴月轩前往北京，当时主要在北京琉璃厂东口的一家贺莲青湖笔店当学徒工，由于他勤奋刻苦，在学徒的时候就善于观察学习，于是仅短短几年工夫就掌握了制笔的诀窍，其还没有出师就已经小有名气了，戴月轩的毛笔选取的是湖笔进行再加工的，浙江天兴县的善琏镇主要生产湖笔，由于在历史上善琏镇属于湖州管辖范围，所以出产的毛笔被称做“湖笔”，湖笔的风格既齐全，品种又相当之多，规格多至250多个，在1916年的时候，戴月轩与几个制笔的伙伴一起，共同开设了一家正宗的“戴月轩”笔店，店内主要经营自己制造的戴月轩毛笔，这些毛笔主要采用从浙江湖州等地购进的湖笔的半成品，经过笔匠们的精修与整理以后再行出售，辨别毛笔的优劣主要看毛尖上那段透亮的部分，这部分被称做“颖”，最初拿来的湖笔就已经经过了70多道工序才完成的，而且每道工序的要求都非常的严格，戴月轩在湖笔的基础上进一步改造后，品质变得更为精良，其使用起来的特点为：提起来不散、铺下去不软、笔锋较为尖锐、刚与柔两者兼备，戴月轩毛笔主要的特征就是：尖、齐、圆、健，这四个字形成了此笔的“四德”著称于当时。

戴月轩的毛笔有好几种，有羊毫笔，采用山羊毛制作，这类毛笔性柔软；而紫毫笔采用野兔毛制作性硬健；狼毫笔采用黄狼毛制做性中常，另外还有羊紫狼毫笔，主要采用羊毛、兔毛、狼毛等混合一起制作而成，还有用貂毫、鸡毛等制成的一些毛笔，各种毛笔具有不同的功能与用途，另外，还有一些采取特殊工艺制作而成的精品，比较的珍贵少见，像乌木镶头，采用玉杆或者玉顶，再配上锦盒进行细致的包装，显得更加的古色古香，文人墨客、画家学士们对戴月轩毛笔无比的喜爱，大家几乎人手一笔。

如今在北京琉璃厂，“戴月轩湖笔徽墨店”可是这条街上独一家用人名作店名的老字号笔店，这家笔店主要以制作和销售湖笔为原型加以改造的戴月轩毛笔，笔店原名是“戴月轩笔墨庄”，后来被改做“戴月轩笔铺”，店门口悬挂的匾额据说是由徐世昌提笔所书，据悉，老字号“戴月轩湖笔徽墨店”传到现在，已经是第6代了。由于戴月轩毛笔的品种非常的繁多而且都各具特色，深得文人及收藏者的喜爱，非常的珍贵，直到现在，有很多书画家的笔筒中都收藏有戴月轩的毛笔。

北京绢花

北京绢花古代的时候曾被称做“头饰花”，老北京人也称其为“京花儿”。

绢花主要起源于唐代，距今已经有1000多年的历史了，传说，唐玄宗李隆基的爱妃杨贵妃，左鬓角上有一块伤疤，于是她每天晨起的时候都会让下人们采摘鲜花戴在鬓角上遮挡，可是在冬天的时候，鲜花都已经凋谢了，为了讨好贵妃，宫里一位心灵手巧的侍女就用绫、绸作成了一些假花送给了贵妃，再到后来，这种宫里流传出来的“头饰花”传到了民间，人们争先模仿，一度非常的盛行，逐渐的这种“头饰花”就发展成为别具一格的手工艺品，人们称它为“绢花”。绢花具有悠久的历史，唐朝有位著名的画家叫做周仿，他绘制的《簪花仕女图》，画面上形象地展现了当时妇女戴娟花的一派景象。

北京盛产的绢花据说主要始于明代时期，在清代的时候，绢花已经盛行开来，据说清宫内府御用工场里面专门设下了许多的作坊，被称作“花儿作”，主要就是承造各种各样的绢花供宴会或饰戴用途，各色的绫、绸、绢、纸、通草等都被用作素材备用，这一时期有位著名的民间艺人刘亨元，他制作的“花儿刘”绢花相当的有名气。100多年前的时候，花市大街这里可是繁华似锦的一派景象，制花作坊随处可见，制花的名师高手全都云集于此，《燕京岁时记》有记载曰：“崇文门外迄东，自正月起，凡初四、十四、二十四日有市。所谓花市者，乃妇女插戴之纸花，非时花也，花有通草、绫绢、绰枝、摔头之类，颇能混真。……京师孟春之月，儿女多剪彩花或草虫之类插首，日闹嚷嚷，即古所谓

‘闹装’也，是即绫绢花之滥觞。”制作北京绢花所采用的材料主要是高级纯丝，制成的绢花主要分为绢枝花和绢盆花两种，其中绢枝花的花色种类比较繁多，形态万千，几乎找不到重样的。制作成的绢花栩栩如生，有的艳若朝霞，有的妩媚俏丽，有的清雅飘逸，枝枝争奇斗艳，傲立枝头，看着一朵朵争奇斗艳的绢花，恍若真的就像是置身花海之中，仿佛阵阵香气正萦绕在空气之中。北京绢花主要以其优美的造型，精细的做工，悦目的色泽为主要特色，由于其看起来协调又柔润，形象也非常的逼真，得以名扬海内外，清代的时候，在巴拿马万国博览会上，北京著名艺人制作的绢花曾经荣获大奖。

到了近代，北京绢花的品种由原先仅有的几十种早已发展到了8000余种，主要包括戏剧花、花纤、花篮及盆景等，如今在北京崇文门外的花市大街，就是当时盛行的“京花儿”生产与销售的处所，一直以来，北京绢花都受到人们的无比喜爱，驰名海内外。

北京宫灯

宫灯是旧时主要被帝王之家用作宫廷照明的一种工具，北京木制的宫灯艺术主要凭借其造型华美，被用作生活装饰使用，在异彩纷呈的中华民族艺术宝库中，由于宫灯其多彩的视觉欣赏性及可以用来照明这种实用性，使得它占有不容忽视的重要地位。北京的宫灯非常注重细节，这种木雕工艺品一直以来受到人们的青睐，从外形上来看，有的很像花篮，有的则宛若四角或六角的亭子，细节之处更是体现在精雕细琢的木质灯架上，灯架上镂空的花纹甚是精巧细腻，北京宫灯主要用做环境布置上使用，具有浓郁的独特东方魅力，是我国传统的工艺品之一。作为北京传统的一种工艺品，“宫灯”不仅能够起到照明的作用，还能够点缀周围环境的气氛，特别是在节日里，到处张灯结彩，各种五颜六色悬挂起来的宫灯往往能够增添一派节日的喜庆气氛。传统的六方宫灯由于构造上有六个对称的面因此得名，而它的造型与结构主要是从明清两代时期流传下来的，并且具有一定的规格。

北京宫灯最初始于明代永乐年间，当时明永乐皇帝将皇室迁至北京，于是就把全国各地所有技艺精湛的能工巧匠都征集到了京城，他们专门给皇宫里制作各种灯具，这一时期出现了各种样式的宫灯，而此时朝廷内开始大量的使用这些款式各异的木质宫灯，宫灯的发展在这一时期最为鼎盛，大量的生产使得这种传统的工艺得到了不断的提升。清朝末年的时候，宫灯的制作技艺逐渐沿袭至民间，“文盛斋”就是这一时期最为著名的一家灯笼铺。在 1915 年的时候，“文盛斋灯画扇庄”就凭着自己制作的宫灯工艺品，荣获了巴拿马万国博览会的金牌和奖状。遗憾的是，在随后几年，由于连年战事不断，这一行业也一直处于衰败的状态，直到解放后，党和政府对宫灯重新重视起来，北京的宫灯行业才得以重获新生。

解放后的那段时期，北京宫灯行业的民间艺人先后组织起来，成立了北京美术红灯厂、宫灯木刻厂等，这些宫灯制作的艺人依靠群体的智慧与力量不断地开发各种新产品，宫灯的品种由此不断的增加，这些产品主要分为两大类：一类是“六方宫灯”，它有六个对称面，分为二层上宽下窄，上层的六根短立柱头上通常会雕刻有龙头、凤头等进行装饰，下层的六根长立柱的外侧通常会有镂空花牙起修饰作用，在上下层六柱之间会分别镶上一块画屏，绘制的都是一些吉祥如意、福寿延年、龙凤呈祥等喜庆图案，宫廷色彩非常的浓厚；另一类是“花灯”，其主要是从六方宫灯的基础上演变而来，用料上主要以红木、紫檀木、花梨木、楠木等贵重木材为主，制作上需要雕刻技艺非常全面才可以，品种包括四种：吊灯、壁灯、台灯与戳灯，这些灯个个华贵典雅，一度畅销海内外等市场，每逢民间的元宵灯节，到处是张灯结彩的热闹景象。此外，北京还生产一种宫灯叫做“绢画灯”，这类宫灯带有非常强烈的宫廷色彩。

北京宫灯的制作工艺非常精细，首先从选材上说，宫灯的框架大多都选取一些较为贵重的木料像红木、紫檀木、花梨木等加工而成，然后再加以玻璃丝纱绢等进行彩绘装饰，制成的宫灯看起来既华贵又典雅，采用金色的云朵及流苏衬托的红纱灯是最常见的一种宫灯，带给人一种端庄华丽之感，其制作工艺高超，并且可以装饰照明之用，每当良辰吉日，人们总是喜爱华灯高悬，一派欢乐吉庆的气氛，这些都赋予了宫灯一定的价值内涵。在制作工艺上，北京宫灯的制作较为复杂，前前后后差不多要经过上百道工序才能完成，一些像大块的木料有时可能需要借助机械进行加工，但其他工序基本上都是依靠手工制作完成的，另外，考量一件宫灯作品的工艺价值，有一点非常的重要，那就是要看在制作宫灯时，灯架与灯扇间的铆合连接点是否精雕细琢，这是宫灯制作很关键的一点。

北京宫灯在过去主要都是给宫廷使用的，慢慢就成了一种具有传统特色的工艺品流传至今，北京灯市口以前每年都会举办灯市，到处张灯结彩，甚是热闹，只是曾经盛极一时的宫灯，到了今天面临的是后继乏人的尴尬境地，原因是如今掌握宫灯高超技艺的技师年龄都有些偏大了，而且很少有人愿意学习这门技艺，使得这门手艺面临着失传的窘境。

北京料器

料器，在古代的时候被称为“琉璃”或“玻璃”，它是一种特种工艺美术品，主要是沿袭中国传统玻璃工艺基础上发展而来，其主要采用自然界中大量存在的硅酸盐及其他金属氧化物等作为原材料，经过高温熔化之后进行加工而成。北京料器品种有很多，像各类传统的首饰、日用生活装饰品，以及花鸟、水果、人物雕刻等，在国内外深得好评。料器的材料大多都是从山东淄博等地选取的玻璃料条进行再加工制成，通常经过低温加热使其慢慢熔化变软，再制成一些摆件或是一些儿童玩具等，由于北京一开始并没有烧制玻璃料的行业，所以料器理应算是北京传统意义上的一种手工艺制品。

最初的时候，料器是始于元代，明代至清代逐渐发展起来，这当中最具特色的要算鼻烟壶了，清乾隆年间，北京料器之鼻烟壶非常有名，那一时期涌现了许多专门制作鼻烟壶的商铺。到了清末，鼻烟壶的制作工艺有了一些变化，工匠开始在其内部进行彩绘，绘画的内容像山水人物、花草树木、飞禽走兽等图画，于是此时的料器又被称作“内画壶”。料器的生产在明清时期非常的盛行，当时北京与山东博山生产的料器非常有名，山东以仿制玉石、玛瑙、珊瑚等料器名扬四方，特别是料器雕刻制作得非常精美，很多还兼具实用性和装饰性。公元 1696 年，也就是清康熙年间，北京建成了第一家“琉璃厂”，厂子的规模很大，主要生产料器，特别是专业生产朝廷内部使用的料器。各个时期制作料器的用料也有不同，清代时，料器大多选取博山料进行加工；中华民国以后料器开始选用洋行提供的材料进行加工；而太平洋战争后，制作料器的艺人们才开始逐渐采取化料进行成批量的生产料器成品。

北京料器工艺品到现在已经有 200 多年的历史了，很早以前，匠人在干活的时候，经常要使用油灯（那时的油灯采用食用植物油或者灯芯草油灯），有人发现当把火苗变成横向燃烧的时候，灯火会燃烧得非常的旺，于是就想出了一个办法：在做活的时候嘴里会同时叼一个细玻璃管，一边从侧面对着火苗吹气，一边加温烧烤料棍，因此料器艺人还获得了一个“吹料活儿的”绰号，到了 19 世纪 20 年代末的时候，这种方式被改成用气筒子打气，只是这种方式的缺点就是太浪费植物油，加之生产环境条件也较差。1965 年，北京一家新的料器厂大楼建成了，生产料器的方式也重新改进，主要采取煤气喷灯的方法，这种方式甚至一直延续到现在。

制作料器的工艺有点像捏糖人的技法，主要靠的是匠人对于物体形态的适度把握，另外其制作配方也很重要，总体上来讲，料器和琉璃、玻璃的原材料没有什么区别，都采用的是硅酸盐或者其他的一些金属氧化物，只不过对于不同的作品，其中所添加的金属氧化物是完全不一样的，有的会放入一些像金、银等成分的贵金属，北京料器厂有一位叫做陈德海的匠人，他制作料器的手艺堪称一绝，他曾经制造过“唐三彩”与“青铜器”之类的造型，鲜活逼真的造型加上形象逼真的质感，看过的人无不惊叹不已，这些都是料器制作的精品，据说有种被称为“古月轩”的料器，是内画料器中的珍品，由于没有人知晓其当时制作所采用的配方及具体的加工工艺，现今没有人能够制造出同类的料器来，这些早期料器行业的精品已经开始慢慢的被大家所遗忘。

北京料器这种五光十色的器具，以其精良的制作工艺常常让人叹为观止，有一些仿玉的制品，甚至经常能够以假乱真，工艺水平完全可以用精美绝伦来形容，北京料器是从做假货（仿石头）开始起家的，经过艺人常年累月的经验积累，加之采用了一些现代的科技手段，增加了颜色的种类，减少了其炸损和返碱情形的发生，现如今的料器已经能够做到很轻松地就可以仿制出一些高档的各类玉器和宝石，这也使得料器的制作成了一门较为独立的艺术门类，受到了国内外收藏界的推崇。

北京织毯

北京手工织毯，在旧时主要是专供皇宫御用的精品物件，曾经受到古代宫廷名流们的喜爱，所以又被称作“宫毯”，这种织毯的制作工艺甚是考究，图案对称工整且复杂多变，许是其与生俱来的皇室气息使然，令北京织毯显得甚为端庄严谨，诠释出宫廷艺术的一种特殊魅力。

这种带有浓厚宫廷色彩的北京织毯，更是让无数的西方人迷恋不已，在他们眼中北京织毯仿佛代表着杰出的东方艺术。

北京的手工织毯有着悠久的历史，据有关资料显示，从元代开始北京先后出现一些织造民间宫毯的作坊，到了清咸丰时期，西藏的许多织毯工匠们也纷纷进驻京城，手工织毯在这一时期迅速的兴盛繁荣起来，达官显贵们更是视自家府邸之上能够铺上这样的宫毯为一种荣耀。到了清朝后期，北京织毯的样式不断地更新，织毯工匠们为了满足官宦之家、生意人及文人雅士的需求，花了不少的心思织造出各种新品，各种民间作坊百家争鸣，更新的地毯样式层出不穷，以往传统的那种格律体模式逐渐被打破，整个毯面的构图变得更加的多元化起来；在色彩方面，这一时期的织毯看起来更为光鲜，原因是早期的植物性染料已经开始被进口染料所取缔，这段时期的织毯被称作"彩花式地毯"，普通人的家中也已逐渐盛行起铺毯之风了。

手工织毯这项工艺流传至今，真正纯熟的掌握着这门手艺的要算京城的康玉生大师了，据康玉生大师回忆，年轻时他曾在北京西城的一些民间作坊当过学徒，那时候北京手工织毯生意非常的红火，到处都是民间毯坊，盛行的不得了，当时一些叫得上名号的店铺非常多，像震东商行、聚顺成、万盛永等。那时北京织毯业被分为三大流派东门、西门和吉门，东门较擅长于编制三至五分厚的活手工织毯，编织织毯以纹样丰富为主；吉门的风格与东门基本无二。西门分布在如今的北京南城，最擅长的就是编织一些二分厚的薄活手工织毯，主要以仿旧款式为主。提到仿旧，要在这里提一下，事实上就是把织好的地毯浸泡在一种掺杂了槐树花熬制而成的绿汤里进行浸泡一下即可，虽然简单但外行的人根本无法知晓其中的门道。康玉生大师心里一直有一个愿望未能完成，就是制造出一副金毯作为北京宫毯的至尊瑰宝，大师家住北京安贞西里，从2000年退休后，他在家中就架起了一张手工织毯的木梁，依然每天坚持练习编织织毯，正可谓艺不离手。

北京织毯分为前期、中期和后期三大步骤，前期主要是准备过程，主要包括对织毯的毛料进行整理，还要做好纺纱、染纱的准备工作，并要绘制出织毯的图案。在制作之前设计好图样、绘制出织毯的花样，是北京织毯制作的重中之重，因为这一步决定北京织毯的美观性；编织毯子的过程像上经、拴绞、打底、结扣、过纬、剪荒毛、下机等缺了哪一处环节也不行，织毯人员按照图样使用经纬线交叉进行一根根的编织，从点到线，从线到面，一点一点进行编织，经过这些程序以后毯子成型；后期整理主要的工作就是平毯、洗毯与修剪。如此一步步下来，一幅舒适精美的北京织毯始算大功告成。北京织毯的品种非常多，像地毯、壁毯、卧毯等，其所采用的丝线原材料主要以羊毛、丝线为主，经过一帧帧的手工编制非常的坚实，毯面触感柔软，图案更是多姿多彩，有京式的图案、花鸟式的图案、民族式的图案及古纹式的图案等，由于北京织毯丰富的艺术内涵和纯手工编织的因素，一直都是价格不菲。近些年还出现了一些织毯，完美的将中国画与西洋画之精髓相融合，缔造出了中西合璧韵味的现代北京织毯。

制作独特的北京织毯不仅样式精美，还具有很高的实用价值，因此而经久不衰，一直受到人们的青睐，其图案新颖、质量上乘的优点深深地吸引着南来北往的游客，作为中国艺术品之中的翘楚，远销世界各地。

第二节　在天津“寻宝”

天津，旧称天津卫，自明代永乐年间取名天津，意思是天子渡口，这也就说明了天津的地位，它是拱卫北京的海上要道之一，现在的天津，不仅军事重地，更是航运贸易的重要城市，在这里，古老的文明与西方科技交汇融合，使天津变得更加优雅美丽。在天津不仅有数不胜数的传统美食，还有著名的曲艺表演，这里，有的吃，有的看，还有的听，如果你到天津，绝对不虚此行，当然，天津还有的拿哟——

接下来，在本节我将着重给大家推荐天津最为有名的杨柳青年画、泥人张彩塑、风筝魏和天津砖刻。

杨柳青年画

天津的杨柳青年画，是中国著名的木版年画品种，能与天津杨柳青年画齐名的，就只有苏州桃花坞年画，两者并称“南桃北柳”，是木版年画中的两朵并蒂莲花。杨柳青年画是用木版雕刻画面的线条，并用墨把版画印在纸上，套过几次单色版后，再拿彩笔填充颜色，这样制出来的年画，既有版刻的特点，颜色又鲜艳，并且笔法细腻，内容丰富，最重要的就是，作为年画要喜庆，你看杨柳青年画，不是连年有余，就是门神门童，还有双喜临门、五谷丰登等，内容祥和，看得人不由得心情舒畅。

有着600年历史的杨柳青（位于天津市西20公里）的民间木版年画，非常的有名，其最初产生于元末明初，在当时市局动荡，有一擅长雕刻的艺人到杨柳青镇避难，逢年过节就会刻些年画、门神出去卖，当地人看到后争相效仿，后来到了永乐年间，大运河疏通了，南方那些质高物美的纸张颜料运到了杨柳青，使杨柳青人们将绘画艺术发展得很好，到了清朝的康乾盛世的时候，杨柳青的年画也到了鼎盛时期，有“家家会点染，户户善丹青”之说。后期的时候，杨柳青年画的题材方面主要发展出了大种类就是娃娃，画面里的娃娃个个体态丰腴而且活泼可爱，你会看到这些娃娃有的手持莲花，有的怀抱鲤鱼，而这些图案都象征着吉祥美好之意，非常的惹人喜爱。

聊完了杨柳青年画的历史，咱们再来看看这年画的工艺，杨柳青年画的艺术特点由很多方面的原因构成，其形成的条件是多方面的，并不是三言两语就可以说得清楚的，其中最显著的特点表现在制作工艺上，杨柳青年画的制作程序主要分为创稿——分版——刻版——套印、彩绘——装裱，前期的工艺与其他各类木版年画无太大区别，都采用刻版再套印的步骤，差异就在后期制作上，杨柳青年画要花费更多的精力手工进行彩绘，彩绘艺人在绘画的笔触色调里将版画刀法与版味巧妙地融为一体，两种艺术互为影响相得益彰，由于同一幅作品彩绘艺人的各自的表现手法不同，一幅杨柳青年画坯子（没有经过彩绘处理的半成品），也许就会被不同的艺人分别画成精细的“细活”与粗犷的“粗活”，当然了，最终的成品其艺术风格完全不可能相同，只能各具各的艺术价值了。

天津的杨柳青年画这种民间艺术珍品，采取木刻套印或者人工彩绘相结合的方法细心制作而成，形成了能够彰显功力的木刻韵味，同时又不乏民族绘画艺术的独特艺术魅力，这门技艺中蕴涵着寓意、写实等多种艺术手法，能够反映出现实生活、民间风俗和历史故事等，可以说是面面俱到，喜气洋洋，这种工艺品深受群众的欢迎，现今也有一些杨柳青画社，专门向外制作与销售杨柳青画社和一些水印画，我们国家非常重视这些非物质文化遗产的保护，天津杨柳青画社被国家文化部授予首届文化遗产日奖，现在的杨柳青年画不仅题材变得丰富了，色彩也更加活泼逼真，少了些俗气，更多了喜庆，在以霍庆有等艺人为代表的年画大师手里，杨柳青年画已经变成天津一绝。

泥人张彩塑

天津泥人张，既是天津泥塑的一个品牌，也是天津美术工艺品的一个代表。泥人张的彩色泥塑，多雕塑人物，那些人物形态各异，栩栩如生，就连须发衣着都十分逼真，还风骨尽显，形神兼备，也无怪其被称为塑与绘的完美融合了。

在清代乾隆、嘉庆年间的时候，天津泥人就已经很有名气了，真正让天津泥人闻名遐迩、变成民族艺术的一朵奇葩的，要算是泥人张彩塑的出现，在传统的艺术水平之上泥人张彩塑将其提高到了极具民族特色的水平，天津泥人被装点上了色彩形成了其独特的风格，而这种彩塑艺术的创始人是张长林，字明山，张明山自幼跟随父亲学习泥塑手艺，练得一手绝技，据说他只需要与人交谈上三两句，就能在顷刻间不动声色地将对方的面目身形雕塑出来，而且形神毕肖，非常完美，他在18岁时就得了“泥人张”的称谓，经营起了塑古斋，开创了天津泥塑泥人张的神话。在张明山的那个时期，天津曾经出现了许多从事泥人制作的民间艺人，但是在张明山的泥人作品打响以后，不少从事泥人制作的艺人都知趣的纷纷改行了，原因就是泥人张的作品实在无人能比，其作品实在太过精致，惊叹之余也有很多人对他的制作方法开始产生了极为浓厚的兴趣，张明山称张家的制作秘方是祖传的绝招，不为外界所知。

泥人张所塑造的作品，已经达到了形神兼备的境界，其色泽方面的最主要的特色就是色泽简雅明快，用料也比较讲究，泥人张的作品的优与劣，主要是根据其使用的原料——泥的好坏来进行甄别的，张明山曾经经过无数次的反复比较，发现了当时的一种泥土非常适合，这种泥土是在天津西郊区古河道附近发现的，这种土质是在地下一米处的一层红色黏土，这里发现的黏土黏性特别的强，而且含沙量也非常的小，特别适合制作泥人所用。于是，张明山与当地的农民商量好，让当地的农民每隔一段时间就把晒干后的黏土送到自己居住处所，而且他还会再一次的把这些泥土进行过滤后作为备用。泥人张用的泥料都是经过风化打浆过滤等工序，并加入了棉絮反复揉搓成的熟泥，黏性十足，而塑造好后的泥塑还要在自然风干后入窑烘烤，烘烤后再经过打磨整理才能着色，现在的上色过程因为使用了新材料丙烯色，所以不脱色也不褪色，并且表面不容易爆裂，摆放在室内做装饰，实在是生活气息十足呢。

泥人张彩塑的特色就是经得起时间的考验，不会燥裂，形态上栩栩如生，天津“泥人张”在国际上一直都享有相应的盛誉，外国人很早就开始用重金对其进行购买，甚至很崇拜地将其置于博物馆中进行观赏，历届展览会上，泥人张彩塑都被认为是比较出类拔萃的艺术作品。在日本芦屋市有一座中国近代艺术馆，馆内专门为天津泥人张彩塑设立了一个陈列室，其中展出了泥人张彩塑作品一共 58 件，由此可见，泥人张彩塑对于积极推动国际间文化艺术的友好交流方面也起到了不可忽视的作用，成了中国对外交流与沟通的桥梁，有一些专家在总结泥人张的色彩运用的时候指出来称，泥人张之所以形神兼备，是由于其把“色”、“彩”赋予了更新的思想内容，“色”就是客观存在的事物，而“彩”是艺人自身对色的主观调动与组合能力，泥人张的作品带有相当丰富的主观意向性，这一点也是其难以被模仿的主要原因所在。

天津“泥人张”的这门彩塑艺术，可以说是近代民间发展起来的，算得上是一种著名的工艺美术流派，经过数代的流传，这枝艺术之花在扎根于古代泥塑艺术的传统土壤基础上，不断的历经革新，已成为现如今津门艺林的一绝，现今在天津，好多泥人张的后世传人都在竭尽全力地发展着天津泥塑，早不是泥人张一脉独秀的景象，现在天津的街头到处都是泥塑小人，那些得了泥人张艺术传承又能大胆创新，取材现实又妙手生花的泥塑艺人们，把天津泥塑发展成了津门一绝，让所有来到天津的人，都对天津泥塑爱不释手。

风筝魏

天津有一种唤作“风筝魏”的风筝一度享誉中外，这种风筝是著名的风筝艺人魏元泰（1872—1961 年）创作的，他对天津民间风筝制作技艺做出了重大的贡献，魏元泰从小就在一家扎彩铺当学徒，由于对扎风筝有着非常浓厚的兴趣，他时常观察飞鸟等的飞翔姿态并且细心地研究，他改良了以往以硬翅为主的风筝风格，开始创造出较为新型的一些风筝。风筝魏最显著的特色就是：一尺多长的大风筝在经过反复的折叠后能够放进一个小信封里面，这样的话就解决了风筝的收藏与携带的问题；风筝的用色方面，魏元泰也煞费苦心，将彩绘中的一些技法与我们国家的民族特色相结合。魏元泰一生都在从事风筝制作，经过不断的创新，开发出来的风筝种类达到 200 多种，因此他制作的风筝被人们亲切地叫做“风筝魏”。

在中华民国初年的时候，天津的风筝作坊与风筝艺人可以说是数不胜数，那一时期真可以说是一派百家争鸣的景象，当时天津市面上出售的风筝，画工方面还是比较的粗糙，骨架基本上也都是用纸捻进行扎接，缺点是存放起来不是很方便，后来，喜欢风筝的一些文人们，借助当时天津文化较繁荣、手工业也比较发达这些有利条件，不断的对民间风筝的制作工艺进行着革新，在清代时期，天津出现了一幅叫做《十美画放风筝》的杨柳青年画，其上能寻找到串灯、盘鹰、唐僧取经、蝴蝶等10多种风筝。明朝初年的时候，出现了天津风筝最为杰出的代表人物——魏元泰，当时天津的风筝种类相当的多，不过那时的风筝主要都是以软翅风筝为主，软翅风筝就是只有翅膀的上沿会有骨架进行支撑，下面都是采用软性的布或者是绢类等材料制作，这样的形式比较适合制作鸟类或昆虫类的风筝，像蜻蜓、老鹰、仙鹤、蝴蝶、燕子、凤凰等，还可以把很多小的软翅接连排列在一起，组成较为大一些的风筝，像很多蝴蝶围绕着花丛的"百花齐放"风筝，很多鸟围绕着凤凰组成"百鸟朝凤"风筝等。魏记风筝总结了以往风筝的特点并加以创新，凭着用料考究、造型多样、工艺精湛、彩绘逼真和飞行平稳等特点曾经多次在国际博览会上荣获金牌与奖状，在国内的比赛中也屡屡争先，在国内和北京博物馆均收藏有魏记风筝，魏记风筝一直都风靡海内外。

风筝魏的发展形势一直都很喜人，可谓经久不衰，陆续经历了魏元泰第二代、第三代、第四代等传人的继承与不断的创新，后来风筝魏的风筝甚至达到了1000多种，风筝魏的名气也越来越大，多次被带往美国、德国、加拿大、澳大利亚等国家，风筝魏成为天津与世界各国民间文化交流的一大功臣，促进了文化艺术交流，美国莱特兄弟（飞机的发明者）的后代更是相当喜爱天津的风筝魏，与其结下了不解之缘。

天津如今还有不少的民间风筝队，大家经常一起进行放风筝的比赛活动，参加这种活动，能够交流放风筝的技艺，沟通彼此的情谊，放风筝早已成为天津人生活休闲娱乐必不可少的方式之一，尤其是春秋两季的早晚，节假日当中，天津大大小小的广场、公园内，你去看吧，到处都是放飞风筝的人群，形态各异，多彩多姿的风筝在天空中竞相飞舞，一比高低。

天津砖刻

天津砖刻是当地的一种民间工艺，以前只是瓦工兼做的一种“细活”而已，也没有形成什么较为独立的艺术门类，到了清道光年间，天津砖雕逐渐形成了一支专业的队伍，这时有一名回族的砖刻艺人叫做马顺清，这位硬是把天津砖刻发展成了独立于建筑之外的一门技艺，马顺清的砖刻特征是：整体构图性比较强，刀法非常的简明稳健，豪放又朴实。

清朝之后天津的砖雕艺术甚为发达，天津老城的许多宅第，像门楼、影壁墙、屋脊、院墙等许多都是用砖雕进行装饰而成，作为马氏砖刻艺术的继承人的刘凤鸣（1889—1978 年），在 15 岁的时候其母亲病逝，于是他就跟着外公、舅舅开始学习刻砖，外祖父将自己的手艺全都传授给了他，马顺清的“贴砖法”得以后继有人，天津刻砖的独特风格就是由此传承下来的，刘凤鸣的刻砖作品刀法细腻且气势雄浑，他在家人反复的教授之下还创造了“堆贴”法，也就是从以前贴一块砖改成贴数块，砖面的起伏变得更大，更加的立体，其砖雕艺术远、中、近景层次非常分明，体现了刻砖的艺术魅力，1949 年以后，刘凤鸣陆续创作出了《草原奔马》、《九狮图羚》《龙凤图》等一些列精美的砖刻艺术品，马氏砖刻被大家称作“刻砖刘”，自从新中国成立以后，刘凤鸣在工艺美术厂工作，他还成为美术家协会天津分会的成员，曾经被选为天津市人民代表，那时他已经 65 岁了，但是对待砖雕艺术依然热情不减，接着又创作出了许多的砖雕作品，像《三国演义》《水浒》《游园》《九狮图》《龙凤》《草原套马》等，还创作了《渔家乐》《丰收》等，反映出浓郁的生活气息，特别值得一提的就是《三国演义》，用了七块砖进行拼刻而成，整幅画面长度达到约 3 米多，画面上的砖雕人物栩栩如生，人物的背景是茂密的森林，波涛汹涌的江河，高高耸立的城堡，气势雄伟的战斗场面，让人连连称奇，堪称是天津刻砖艺术的一种代表作，据说，如今在广东会馆等地方都还保存有刘凤鸣的真迹。

如今，天津石家大院遗留下来的砖刻就是当年马顺清先生的作品。“刻砖刘”为代表的砖雕艺术，使天津砖刻成了我国民间建筑工艺独一无二的一项技艺。

第三节　在河北"寻宝"

河北省，地处华北平原，兼跨内蒙古高原，全省环绕北京、天津，由于在战国时期此地为燕国和赵国的疆域，因此河北也称为燕赵大地，河北古称冀州，是给予美好愿望的意思，这里是中国古老文明的发源地之一，由于自然景观壮美，人文景致林立，到处都是历史与传统留下的痕迹。

在河北，你不仅可以领略华北明珠——白洋淀的灵秀，也可以感受太行山的雄奇，还可以看到燕赵古国的诸多景致，更可以找到心灵手巧的燕赵儿女所制作的各种工艺品。

磁州窑

磁州窑曾经是我国古代北方最大的民窑体系，磁州窑的窑址在河北邯郸的磁县境内。磁州窑从北宋中期开始创烧，经由南宋、辽、金、元几代一直到明、清还有烧制记录，磁州窑所烧制的瓷器多为白釉黑彩，这是宋代磁州窑的一大标志，其特点是，黑白分明对比强烈，给人以醒目清新之感，因此颇为民间所喜爱，于是迅速发展，产量巨大，磁州窑是古时民间陶瓷的杰出代表，也是北方最大的民窑体系，因其窑厂主要位于古磁州而得名。

要说磁州窑的烧陶历史，那可就说来话长了，古代的磁州其实就是现在河北邯郸的磁县与武安等地区，据说大约在7500年前新石器早期的时候，就已经有了陶器烧制技艺。

磁州窑的瓷器由于品相好，因此在宋元时期众多的瓷窑当中一枝独秀，其创造的丰富装饰技法，不光有各类的色釉进行装饰，还雕刻有剔花、白地黑花、白地釉下绘划花等，种类上包括红绿彩、低温铅釉三彩和印花白瓷、印花青瓷等30多种；特别是在铁锈花的技法上，可以说是突破了五大官窑单色釉方面的局限，其具有的传统水墨画效果把中国的传统绘画、书法技艺与制瓷工艺相结合，创造了更新的艺术形势，开拓出了古代陶瓷美学的一个崭新的境界；这些都为以后出现的青花和五彩瓷器的发展开辟了广阔的道路。

磁州窑的制品大多构图典雅，古朴而不失活泼，其装饰题材可以说是丰富多彩，别具一格，画师们凭借高超的手法与画技，把生活中的花鸟鱼虫、山水人物、戏曲歌赋等描绘在瓷器之上，于是大量古代的民间绘画、书法甚至是反映民俗民风的一些实物映像资料都被保留了下来，形成了一种较为质朴、明快、洒脱与豪放的艺术风格，浓浓的民间色彩和鲜明的民族特色蕴涵其中。磁州窑的瓷器，造型丰富，既有民间常用瓷器，也有文具、玩具等，常见的形制有盘碗碟勺、瓶壶罐钵，洗盆缸盂，还有镇纸、笔洗、灯、樽和匣等，尤其以形状多样的瓷枕最受欢迎，磁州窑采用釉下彩绘的技法进行装饰，用毛笔蘸釉料在胎体上首先绘制出精美的花纹，接下来才进行烧制，磁州窑彩绘的纹样较有时代特色，其主要采取白地黑褐进行彩绘，纹饰偏爱引用诗词名句、文学作品等，融书画与制陶工艺之精髓，蕴涵着浓浓的生活气息，具有很高的历史文化价值。

磁州窑对国内甚至是世界陶瓷产生了无比深远的影响，磁州窑被我国政府命名为中国的十大名窑，彭城被定名为中国磁州窑之乡、中国民窑的研究基地，虽然磁州窑多生产生活用品，产销量都很大，但是由于年代较为久远，并且存世期间多有战乱和世事变迁，因此能够存留下来的完好磁州窑老器并不多见，如果你在河北游玩的时候有幸遇到器形完好、品相不错的宋金代磁州窑，那可就是你的一大福气呢，一定要好好收藏才行。

魏县土织布

魏县土织布是河北省特有的一种民间纯棉纺织品，被叫做老粗布或土织布，是上千年以来，世代相传一直延用着的一种民间手工织布，由于魏县土织布具有较为悠久的历史渊源，加之其复杂的工艺和较为天然的织造原料，还有其绚丽多彩的图案及浓郁的民族特色，使其具有特殊的艺术魅力。

2000 年 6 月，魏县土织布被收于河北省第一批省级非物质文化遗产名录，在 2008 年 6 月的时候被收入到国家级非物质文化遗产的保护项目当中，2007 年 9 月 19—21 日，河北魏县召开了一次国家级土纺土织专家会议，各家媒体都先后对该项目进行了相关的报道，魏县土织布多次在各种场合进行展览，使得其在全国各地名声大振。

土纺布的质地非常的柔软，手感也很好，而且这种布的透气性能很好，不会产生静电反应，也比较的持久和耐用，由于土纺布的色彩艳丽可同时又不会那么张扬，因此，对于居家或服装面料上来讲，具有相当重要的作用，很有收藏价值！这种布的优点是冬暖夏凉，不卷边、不起球、抗静电，同时由于线粗并且纹深，布面会有许多的按摩点，能够对人体的皮肤起到一定的按摩作用，特别是老人和孩子很适合这种布料！老粗布采用纯棉纱作为原料，所有的工艺都采用了纯手工进行制作，用这种布料制作而成的床品等与机织的床单相比具有很多的优越性能：第一，布料穿着舒适、能够止痒，对皮肤不会产生任何的刺激，符合环保以及人体健康的要求；第二，透气性能很好、吸汗，能够快速地吸附人体分泌的汗水，穿着这种布料感觉冬暖夏凉，特别适合贴身穿着；第三，老粗布衣服是用纯棉布进行缝制的，因此不会带有自由电荷，棉纤维也不容易变形、起球；第四，老粗布可以促进人体产生温热效应，能够增加人体的微循环血流，起到有效调节神经系统，疏通经络，改善睡眠质量的神奇效用；第五，这种布料自然环保，从种植到最后织成布，完全没有使用农药与化学染剂，纺织品也不会含有甲醛、偶氮等化学成分，完全符合纺织品的规定标准，可以称得上是一种真正的绿色生态的纺织珍品布料。用手织的土织布，其织造工艺相当的复杂，从采棉纺线开始一直到上机织布的整个过程，差不多要经过 72 道的工序，而其中最主要的工序从轧花到下机也需要 15 道。

魏县土织布声名远播，这种布是一种绿色的环保产品，尤其是对于喜欢返璞归真，追求自然舒适的人士来说非常的适合，具有绝对的收藏价值。

辛集农民画

辛集农民画是一种精美的民间画作，是农民画中的优秀代表作品，这种民间艺术作品抒发出作者的内心世界，画风质朴，色彩艳丽，还融合了民间剪纸、民间印染、地方戏曲等艺术精髓，形成了辛集农民画独树一帜的风格。

辛集农民画据说由来已久，明清时期就已经有画、绣、剪、编等绘画的手法了，到了 20 世纪 50 年代的时候，出现了一种壁画形式的束鹿农民画，由于这种画比较的清新与质朴，内容涉及的范围也比较广泛，于是人民美术出版社出版了《河北束鹿县壁画选》和《诗洋画海金束鹿》两本画册，不仅如此，束鹿县农民画还进入了德国国际博览会进行参展，到了六七十年代的时候，农民画的发展开始趋向于细节之处，注重造型，这一时期出版了《河北束鹿群众业余画选》，改革开放以后，辛集农民画更是大踏步的发展起来，出现了一批农民画作者，像王小俊、耿占雄、胡双月、赵新妞、刘国英等，各种农民画争相斗艳。这一时期的作品不仅传承了以往画派的艺术特点，还融入了不少现代绘画的艺术特征，作品的整体时代感很强，非常的写实，极具河北当地特色。

近年来，辛集农民画知名度越来越高，前后在许多国家和地区都进行过展出，像香港、德国、法国、墨西哥、美国、澳大利亚、意大利、丹麦、瑞典等，在这些地方引起了很大的反响，受到许多国内外专家的一致好评，自从20世纪80年代文化部命名辛集市为“中国现代民间绘画画乡”以后，盛誉远播的辛集农民画更是蜚声海内外，美国旧金山还曾经连续出版了“中国辛集农民画挂历”，这些都进一步提高了辛集农民画的知名度。

由于把传统文化与现代的审美意识巧妙地融为了一体，辛集农民画获得了有目共睹的艺术成就，社会各界人士纷纷前来参观，并且都给予了极高的评价，艺术无止境，辛集农民画家们心里都明白，想要让辛集农民画永远都充满活力与吸引力，必须要不断的创新才可以，于是，当地人们还先后成立“王下女农民画社”、“小位农民画壁挂社”等团体，把农民画与壁挂、编织等工艺相融合，据说期间还曾完成过外贸价值15万元的一个订单，现如今，他们又开始继续在农民画与陶器等领域进行尝试与探索，勤劳智慧的辛集农民画家们，不断的努力进取，用手中的画笔描绘出更加美好的明天，我们有理由相信不久的将来还会有更多更好的农民画精品相继问世。

馆陶黑陶

河北邯郸东部的馆陶县是馆陶黑陶的发源地，据史书上记载，馆陶就是源于此而得名的。馆陶位于“齐鲁燕赵”的交界之地，在古代时是陶山文化的一部分，古代馆陶的名字，最初的时候也是起源于陶山黑陶。黑陶是陶器中的极品，有人称黑陶为：“土与火文明的诠释，力与美完美的结晶”。

4500年前（新石器时代）龙山文化的典型代表就是黑陶，其次是馆陶，馆陶处在黄河的中下游地区，那里是黄河冲积平原的所在地，制陶所需的优质泥土就取自这里，大量的天然原材料为制陶业的兴盛奠定了坚实的基础，人们在当地出土的文物当中，发现了许多古代时期的黑陶、红陶及灰陶等制品，这些也都证实了馆陶制陶业的历史。

现在的馆陶黑陶完美地将制陶、雕刻与绘画等技艺融为一体，制陶原料精挑细选，制作工艺细致考究，制作过程中严格把关，力求雕刻手法细致入微，造型要典雅，烧制方法要科学，现代黑陶艺术经过馆陶人的继承与创新，集陶艺、漆艺和镶艺于一身，形成了镂空、线刻、彩绘、浮雕、镶嵌、影雕、漆画几大系列近1000种，如今开发出的馆陶黑陶主要有仿古黑陶、日用黑陶与现代黑陶等，黑陶制品要求看起来一定要像漆一样黑、像镜面一样亮、像纸一样薄、像瓷一样硬，整体给人感觉既古朴典雅又浑厚庄重。

近年来经过不断的发展，馆陶黑陶各自都凭借其独到的工艺，逐渐跻身国内外市场并占据了一席之地。现代馆陶制品凭借黑陶的名气蜚声海外，馆陶黑陶这些产品如今主要供应国内外的一些市场，远销东南亚、欧、美等国家。由于馆陶黑陶艺术的名气越来越响，近年来馆陶县已经被评定为“中国的黑陶艺术之乡”、“中国黑陶、彩陶的研究基地”等。

第四节　在山西“寻宝”

山西是我国黄河流域文化的最主要发源地之一，是中国的历史文化大省，由于这里的历史遗迹非常的多，民风也比较的传统和朴素，历代的先辈曾经给这片土地创造了灿烂的历史文化，勤劳而朴实的山西人民用自己的双手缔造出的一个个传奇，为此地的文明做出了巨大的贡献，如今很多地方也都还保留着古时的一些民俗传统，而且很值得进行探寻，具有值得一观的价值，像山西所出产的蝴蝶杯、推光漆器这些物件，更是山西几千年历史文化传承的一个绝好见证。

侯马蝴蝶杯

侯马蝴蝶杯，主要是在春秋晋国的都城新田（都城新田就是现在山西省侯马市）出产的，“侯马蝴蝶杯”可以说是山西的一宝，这种器物的造型非常的古朴，设计也非常的奇巧绝伦，在一只高脚细瓷杯的座顶上，有一个玉色的金钟形酒盅，在酒盅的杯沿上镶着金线，而外壁饰以双龙戏珠，尽显尊贵，而它的内壁上花朵妖娆，这些都不是侯马蝴蝶杯最精妙的地方，此杯最让人叫绝的是，当人向酒杯中斟入美酒的时候，就会看到一只彩蝶出现在杯底的花丛中，在杯中酒饮尽的时候，杯底的彩蝶也神奇地消失了……这若不是宝物，那世间还有什么可算得上是宝物呢？

“蝴蝶杯传家宝千金难买，将美酒斟杯内彩蝶飞来”，关于这侯马蝴蝶杯，还有个很美的传说，说这蝴蝶杯原是太原公子田玉川家的传家宝，他在逃亡中被渔家女胡凤莲搭救后，两人一见钟情，田公子把蝴蝶杯送于胡凤莲做定情信物，后来两人终于百年好合。

侯马蝴蝶杯在古代确有记载，但是其制作工艺早就失传了，此前，侯马当地有人挖出了一只蝴蝶杯，让这美妙绝伦的珍宝又重现了世间，侯马的工艺大师经过苦思妙想用自己的巧手将这制作蝴蝶杯的工艺复活了，这就是我们现今可以在侯马当地买到的侯马蝴蝶杯了。

这样神奇之物若是有缘遇到的话，又有谁不想拥有它呢？

平遥推光漆器

“平遥古城三件宝，漆器牛肉长山药”，这推光漆器，可算是平遥第一宝了，它的外观古雅质朴，手感温润，并且绘饰都金碧辉煌，闪闪发亮，而其防潮耐热能力，也是有目共睹的，所有见过平遥推光漆器的人，无不赞叹有加，在平遥推光漆器的表面会分别有各种不同的图案，像飞禽走兽、山水人物、奇花异草、亭台楼阁等，推光漆器由于漆光像镜面一样的金光闪亮，所以又被称做“金漆家具”，这平遥推光漆器，都是以手掌推漆推出光泽来使漆器增色的，其手工的细致程度和效果，那可真不是一般的漆器可比的。

平遥推光漆器最早是在商周时代开始出现的，到了春秋战国时才逐渐有了雏形，明清的时候尤为兴盛，主要的工艺手法就是描金彩绘，镶嵌上一些骨石、罩漆等，平遥推光漆器在制作的过程中近乎追求完美，道道工序极为严谨，选材上乘，漆面上的图案追求造型典雅和风格独特，图案以人物、山水花鸟、亭台楼阁为多见，到现在已经有1200多年的历史了，1917年的时候，平遥城内出现了几位漆工，他们一起合资开设了一家“合成铺”，主要从事有关漆器方面的生产，制造出来的漆器质地特别的好，风格也非常的独特，大部分产品还都远销日本与法国等地。1937年，正值日本侵华战争时期，此时的生产也只好停顿了下来，一直到了50年代以后，平遥推光漆器才又枯木逢春，得以大放异彩。

推光漆的漆料主要来自植物漆树，人们把这种漆料称做“老漆”或“大漆”，推光漆器在制作方面要求比较严格，首先是选料，其次是制作漆器胎体，然后将胎体进行打磨，缝隙之间需用猪血或是砖粉进行细致涂抹，之后涂上一层老漆，经过反复的打磨、反复的刷漆，最后需要用手蘸麻油将漆器手工推出光泽，这还不算完，匠人们还会不断地仔细推敲，或采取描金，或进行彩绘，直到完全满意为止。

平遥的推光漆器的制作过程，包括木胎、灰胎、漆工、画工、镶嵌等五道工序，即是用松木制作出各种漆器的木胎，然后用白麻缠住木胎并抹上用猪血调制的砖灰泥，在此之后，就要进行最重要的工序——漆工了，是在灰胎上刷漆，再以水砂纸蘸水擦拭，之后，就用手反复推擦，直到手感光滑如水，然后再次刷漆，每个漆器都要如此这样刷上五到八道漆，只有这样漆器上的漆彩才能长久保存，最后再由画工画出装饰图样，并由工匠镶嵌宝石，如此繁杂细致的工序，做出的漆器自然称得上是精品中的精品了。

平遥的推光漆器具有独特的民族风格和地方特色，其外观光滑如镜，细腻端庄，是一件极为难得的民俗工艺品，这款宝物也具有一定的实用价值，使用起来更是既轻巧又结实，耐热并防潮。推光漆器由于制作工艺烦琐精细，近年来其制作厂家越来越少，致使平遥推光漆器的价格水涨船高，而平遥漆器大师薛生金的作品更是被奉为珍品。

澄泥砚

澄泥砚是中国的四大名砚之一，主要用特种的胶泥进行加工烧制，由于烧制的过程及时间的不同，会有许多种颜色，有的还会一砚多色，澄泥砚的雕刻技术特别的讲究，其中包含浮雕、半起胎、过通等许多的品种，砚体的形状也各有不同，有圆形、椭圆形、半圆形、正方形、长方形及随意形的。立体砚雕刻的有二龟坐浪、八怪斗水、海兽哮月、仿古石渠阁瓦等，平面进行雕刻的包括草树花卉、山水人物及走兽飞禽等；另外像犀牛望月、嫦娥奔月、台山白塔等也非常的多见。这些澄泥砚一般都刀笔凝练，形象毕肖，技艺精湛，灵通活脱，逗人情思。

中国的四大名砚是从唐代时期开始兴起的，在当时曾被封为“贡砚”，主要以端砚、歙砚、洮砚、红丝砚为主，澄泥砚是从宋代兴起，现今被称为四大名砚的主要包括：端砚、歙砚、洮砚和澄泥砚，如果再加上红丝砚的话应该是五大名砚。事实上，中国古砚的品种非常的繁多，当然不仅仅只有这些，像松花石砚、玉砚及漆砂砚等，在砚史上也都是比较有名气的。澄泥砚也是四大名砚中唯一以泥胎烧制而成的砚台，产自古绛州，也就是现在的山西新绛县，澄泥砚虽是以泥为胎，但这泥并不普通，那是黄河沉淀千年的渍泥，这泥经过特殊的炉火烧炼，并因烧制的时间不同而呈现不同的色彩，其中朱砂红与鳝鱼黄的为最名贵者。澄泥砚的制作工艺非常复杂，第一道工序就是从黄河挖出河泥，并用绢质的箩将其过滤，这就是所谓澄泥砚“取之于水而成之于火”说法的来源，之后再经过整理、药熏和烧制等工序，一方砚砖才能出窑，再雕凿成砚才算功德圆满。常说“四宝”之中砚为首，由于其质地特别的坚实，澄泥砚还能够流传百代。

澄泥砚主要使用的制作原料是沉淀千年的黄河渍泥，首先要把这些原料经过特殊的炉火不断烧炼，使其质坚又耐磨，看起来宛若碧玉，抚摸起来犹如童肌，储墨的时候不干不腐，厉寒也不会冰冻，呵气就可研墨现用，不伤笔毫，这些特色都使其成为历代帝王、文人墨客无比喜爱的物品，在唐宋时期基本上都用作贡品使用。据史料记载，武则天、米芾、苏东坡、朱元璋都很钟情于澄泥砚，乾隆皇帝更是对其钟爱有加。这些都使得澄泥砚的名气越来越大，堪称砚中一绝。澄泥砚中的一些较为上乘的颜色有蟹壳青、朱砂红、檀香紫、鳝鱼黄、豆绿砂等，这其中尤其像朱砂红与鳝鱼黄等最为名贵。专家在对这些澄泥砚经过评鉴后发现，有不少都完全具备古砚“色泽看起来就好像美玉一般、敲击之时就好像钟磬一般、不伤笔易发墨、夏不干枯、冬不冰冻、研出的墨写字做画之后不会被虫蛀等神奇的特点。

作为古代陶砚最杰出的代表，古代澄泥砚如今并不多见，现代澄泥砚大师如蔺氏父子，在古法的基础上，对澄泥砚的制作工艺进行了改进，并用机械控制烧炼的时间和火候，将陶质的澄泥砚烧制出了雨花石般漂亮的纹络，使澄泥砚这一砚海瑰宝变得更加多彩。澄泥砚放在桌畔案头，既是供人观赏的艺术珍品，又是文房中相当实用的文房四宝之一，中外的文人墨客来山西总喜欢购买此砚进行珍藏。

第五节 在内蒙古“寻宝”

内蒙古地处中国的北疆，其北部毗邻蒙古和俄罗斯，是我国主要的蒙古族聚集地，那里草原广阔，人们多为马上民族，淳朴豪爽，去内蒙古骑马、参观成吉思汗墓，是很多年轻人的梦想。蒙古族有一首祝酒歌里唱道：“金杯、银杯斟满酒，双手举过头；炒米、奶茶、手扒肉，请你吃个够。”一首歌已经把蒙古族人的好客和饮食传统完全表现出来了。

如果各位以后有机会去内蒙古旅游的话，在享用蒙古族的美酒、羔羊肉，看蒙古安代舞、摔跤之后，千万不要忘了买些像马头琴、蒙古毛皮等带有蒙古族浓郁特色的纪念品。

马头琴

马头琴在蒙古语中被称为“绰尔”，这是蒙古族最主要的拉弦乐器，由梯形的共鸣箱、雕刻着马头的琴柱和两根琴弦组成，用相配的马尾粪摩擦琴弦发声，声色圆润婉转，音量却较低，适合演奏深沉粗狂的乐曲，是蒙古族牧民们钟爱的乐器之一，马头琴的琴身上装饰了很多蒙古图案，极尽蒙古民族特色，有人说：“对于草原的描述，一首马头琴曲的旋律，远比画家的色彩和诗人的语言更加传神。”这句话恰恰说出了马头琴在蒙古草原的地位。

马头琴的由来，要从一个故事说起，传说在古代察哈尔草原有个牧民同自己的白马相依为命地生活，可是后来他的白马被王爷抢走了，牧民很难过，最后他的白马从王爷那里逃了回来，被王爷的弓箭手射伤的白马最终死在了自己的主人身边，那个牧民为了怀念自己的白马，就用马头骨、马腿骨、马尾毛做了一把琴，每次拉起马头琴都想起白马在草原上尽情奔跑的样子。

早期的马头琴音箱，都是用硬木做框板，两面都蒙以皮子，拉琴时皮子会产生共鸣，使马头琴的音质更浑厚，但是如果把马头琴带到潮湿的南方，音箱就会受潮而走音，为了改良马头琴，很多制琴大师进行过努力，终于将马头琴改进为全木质，改善了马头琴到南方会走音的问题，其中制琴技艺最为高超的就是张纯华老人，伴着他所制作的马头琴，蒙古音乐也走向了世界。

作为蒙古族一种极具特色的乐器，如今马头琴更是受到了许多收藏者的钟爱。

蒙古族银碗

蒙古族铸造银器的历史非常悠久，在元朝之前，蒙古银器就已经天下闻名，蒙古族银器品种很多，有银碗、银壶、银杯、银饰等，都纹彩古朴，精巧雅致，民族风味浓郁，其中的桦木包银碗最受追捧。

蒙古族铸造银器首推桦木包银碗，这种蒙古族银碗的制作工艺非常复杂，首先要将木材制作成碗型，然后将其表面细致打磨好并用银片包镶好，这要求银片和木碗胎非常严密地紧贴契合，碗外侧还要涂抹红漆装饰，上面绘有八宝、回纹等代表吉祥的花纹，银碗的腕托也为银质的，在那上面都会錾上连续的花纹，整个银碗看起来非常华贵而又不失民族气息。

蒙古人常用银碗、银杯盛满美味的马奶酒敬献给尊贵的客人，以银器的洁白象征自己对朋友的情谊，所以，银碗对于蒙古人来说，并不只是简单的器物而已，更寄托了很多美好的情感，并且，银质本身带有一定的杀毒功效，蒙古人在草原上逐水草而居，难免饮食里有不太卫生的，用银碗和带银束子的筷子，可以保证饮食的安全。因此，蒙古人用银碗盛装代表尊贵、吉祥的马奶酒，本身也是他们对赐予他们美酒、吉祥的长生天的一种尊重，银碗和银器在蒙古人的生活中扮演着很尊贵的角色。

蒙古族银器具有浓郁的民族特色，受到很多人的喜爱，不少人前往蒙古都为了寻觅到自己所钟情的一款蒙古族银器。

蒙古刀

蒙古人有三宝——“蒙古刀、奶酪、马头琴”，这三宝传承在蒙古人的血脉里，其中造型精美的蒙古刀更是蒙古人勇敢、智慧的一种象征，在蒙古族人心里，蒙古刀是上天赐给蒙古人的礼物，所以世代蒙古男子汉都会佩带蒙古刀，蒙古刀不是用来争斗的工具，那是蒙古男人用来屠宰、割肉和防身的，在蒙古族的很多传说中，蒙古刀还是可以镇宅辟邪的宝物呢。

长期以来，表面装饰着美丽图案的蒙古刀一直都是蒙古族人民最为喜爱的物品，蒙古族牧民们日常生活当中经常要使用蒙古刀宰畜、切肉等，是必不可少的工具，由于时常都会用到，因此蒙古人会随身携带，蒙古刀不仅是实用品，还常被人们当做装饰品装在蒙古包内挂在腰间。

蒙古刀具主要分为蒙古刀及王爷腰刀，蒙古刀的刀身大部分都是采用优质钢进行打制，长度通常在十几厘米到数十厘米不等，整个蒙古刀的制作属刀柄与刀鞘处最为讲究，在刀柄和刀鞘制作上，蒙古刀选取的用料种类很多，有钢制的、银制的、木制的、牛角制的及骨头制的等，刀柄或刀鞘的面上刻有各种精美的图案，有时还会镶嵌上宝石进行点缀，蒙古族有一种叫做“驼骨彩绘鞘”的蒙古刀，构思极为新颖，色彩无比绚丽，是行销海内外的名品。王爷腰刀则主要采取较为浑厚的蒙镶手法加上花丝工艺制成，腰刀刀柄的形状很像蒙古王爷头顶戴着的帽形，刀鞘的顶端如鹰头一般，鞘身上的图案一般都是八瓣含珠的二朵金花编嵌而成，刀套上常常还会伏着一条小龙，作为腰挂的王爷腰刀整体给人感觉生机勃勃。

蒙古刀的刀身一般为精钢打造并且精磨出刃，而刀柄和刀鞘却是非常华丽的，蒙古族人用牛角、毛皮、红木等制作刀柄和刀鞘，并在刀鞘上雕刻美丽的花纹或者嵌入珍贵的宝石，有时他们还会在刀鞘上填烧珐琅，而蒙古刀鞘上的孔洞是用来插驼骨筷子的，驼骨筷子上还套着银束子，银束子是用来验毒的，刀鞘上的铁环上缀有丝带，丝带的一头拴在环上，用以挂在腰间，而另一头连着勃勒，勃勒是一种蒙古族传统银饰，中间通常镶嵌珊瑚珠子。

蒙古人把蒙古刀分为六个系列，这六个系列是勇、智、礼、亲、忠、姻，这六个系列都代表了很美好的寓意和祝福，是蒙古人用来佩带或馈赠的佳品，同时其欣赏价值也被中外的游客和收藏家们一致认可。

巴林石雕

巴林石，是出产在内蒙古赤峰巴林右旗的名贵石料，它同浙江青田石、昌化石，福建寿山石齐名，是著名的石雕用石，而蒙古族的英雄——成吉思汗就曾得到一只用巴林彩石雕刻的石碗，石碗斟上美酒后更是五光十色，碗中的酒更是香气沁人，大汗非常喜爱这只巴林石碗，称它为“天赐之石”，巴林石大多呈块状，且具有蜡状的光泽，色泽柔和而颜色却多变，质地细腻，适合雕刻者用刀进行雕刻。

巴林彩石统称为叶腊石，主体是由高岭石与叶腊石组成的，由于其中还含有微量的彩色石质，因此巴林彩石呈现多变的颜色，形象多变而绚烂，非常适合雕刻家发挥灵感，因为质地特别的细腻，柔和温润，软硬也非常的适中，是一种较为上乘的石料，比较适用于较为精细的工艺品，像篆刻印章等。对于巴林石的分类与命名，通常是根据传统印章石的品名而定，巴林石通常被分为福黄石、鸡血石、冻石与彩石等，其中最为雕刻界推崇的是含有辰砂的鸡血石，它颜色艳红喜人，被称为“石中瑰，宝中珍”，而位居其次的冻石晶莹剔透，颇似冰肌玉骨的美人，也是雕刻者们钟爱的石料，有些精品巴林彩石，由于自身的纹理即成画面，也相当的有特色，真可谓是天作之合、美轮美奂。

内蒙古的巴林石雕选题较为新颖、雕工也相当的精细，一直都好评如潮，雕刻的内容非常的广泛、山水花卉、花鸟虫鱼、亭台楼阁、古今人物等，主要用于烟茶酒具、及文房四宝等，一般都根据石料的色泽与质地、依照其形状等因材施艺，巴林石雕最擅长塑造像草坪、花瓣、鸟羽、马鬃、牛蹄、羊眼等，特别是巴林石雕刻出的鸡血图章，一直被专家们称作是印章之中的珍品。

巴林石雕是一种石文化，其内涵非常的丰富，涵盖了赤峰地区远古文明的红山文化、草原青铜文化、契丹辽文化及蒙元文化，深厚的文化底蕴使得巴林石雕在人类文明的发展史上具有特殊的意义，巴林石雕一直都受到中外友人的追捧，在藏品当中也算是珍品，巴林石雕无数次在国内外参展，自从在市场上推出以后，一度受到世人的瞩目。

通辽版画

通辽市一直都被称誉为“版画之乡”，通辽版画的生活取材主要来自蒙古人民的日常生活，由于内容较为写实，风格也比较质朴，线条相对粗犷，色彩上又非常的鲜艳，其民族与地区特色非常浓郁。

正因如此，通辽版画才获得了如下殊荣：1987 年的时候，在北京民族文化宫展出了 100 幅扎鲁特版画，1990 年，在北京第十届全国版画展中，通辽版画《春的气息》荣获铜奖，《敖特尔的春天》被选入《20 世纪国际现代美术精品荟萃》当中，同年，江苏美术馆展出了 87 件版画作品，其中《接羊羔》《五月》《草原，你早》被江苏美术馆留馆收藏，紧接着在第十三届全国版画展当中，又有 5 幅作品当选，尤其是版画《乌珠穆沁的傍晚》荣获金奖，版画《秋风》则获得第十四届版画展的铜奖。

通辽市儿童版画的创作也屡创佳绩，主要是从 1983 年开始的，当时通辽发电总厂子弟学校最先搞起了“纸版水印版画”。1985 年的时候，日本神户教育会馆专展中一共展出了 42 幅版画，这些新型的儿童版画受到了日本观众的一致欣赏。1985 年 7 月，在日本东京，“中国内蒙古聋哑儿童版画展”引起各界人士纷纷踊跃前往参观，《朝日新闻》及许多电视台采访，这次画展是日中艺术研究会与《版画世界》合办的，仅日本电视台就播映了 7 次以上。同年 8 月，三山陵女士（日中艺术研究会事务局长）和我国著名版画家李平凡先生专程赶往通辽，此行主要就是为了给当地的通辽版画颁发日本教育版画协会最高金奖。同年，在日本栃木市举办了通辽版画作品专展引起轰动。1986 年，日本再一次展出了科尔沁区聋哑学校的 50 幅“石膏水印版画”。

具有浓郁地方色彩的通辽版画受到各界人士与专家们的一致好评。

桦树皮手工艺品

鄂伦春族是较为典型的游猎民族，从大约公元 386 年的时候开始，世世代代的鄂伦春族就游猎于大、小兴安岭地区。鄂伦春自治旗境内几乎全都是森林覆盖，因此鄂伦春人居住的地区像野生动植物资源都是相当的丰富，在以前的时候，差不多所有的鄂伦春人都以狩猎、采集或捕鱼生产等生活，可以说鄂伦春人的衣食住行全都靠大自然的恩赐才获得，在深山密林间，鄂伦春人度过了相当长时间的游猎生活，这些都形成了当地独具特色的一些文化。

为了适应游猎生活特点的需要，鄂伦春人使用在大兴安岭处处可见的桦树皮，制作成较为轻巧耐用的一些生活用具，因为鄂伦春人比较信仰萨满教，相信万物皆有灵，他们常常习惯把崇拜的一些神偶也装在桦皮盒当中放在树上。

鄂伦春族传统的桦皮用具，最常见的有桦皮碗、桦皮水桶、桦皮盆及桦皮盒等，而桦皮盒又包括许多种，像烟盒、神偶、针线盒、梳妆盒、神像盒、火柴盒、儿童玩具盒、帽盒、装火种的盒、骨灰盒等，当地的一些妇女们还喜欢在这些盒上装饰上一些美丽的图案花纹等，欣赏起来比较美观，这些盒在当地被鄂伦春人统称为——毛力春。

如今由于鄂伦春人早已经开始下山定居，一些桦皮制品的使用功能逐渐都已经弱化了，于是其收藏与观赏价值因此反而得到很大的提升，作为鄂伦春民族一种特有的文化，桦皮制作工艺已经被保存并得以传承，这项工艺还被成功申报为国家“非物质文化遗产”。

淘宝中国

第二章 寻宝华中

To Search rare treasure in China

华中确实是一个好地方，处在中国最中间的地带，具有连结东西南北的交通优势，农业最为发达，轻重工业的发展也有一定的基础，属于全国经济比较发达的地区。

先来说说湖北，这里的自然条件比较优越，由于湖泊较多，雨量也非常的充沛，被大家称作鱼米之乡，由于这里的自然风光非常的优美，既有山川又有江河，荆山汉水自古人杰地灵，人们用“九头鸟”形容湖北人的聪明，优秀。

与湖北人相比较，湖南人更像是标准的实干家，虽然说湖南开发的稍微晚了一些，但是也算人才辈出，“唯楚有才”和“无湘不成军”这两句话是用作形容湖南人的，从这句话里就已经可以看出湖南人的文武兼备。湖南的文人非常的多，而且往往有着一股湘民固执的“蛮”劲，上下求索，因此才会有历史上像谭嗣同等一些硬汉文人，有沈从文那样傲然于城市的“乡下人”。比较出名的就是湘妹子，虽然远不及川妹子“辣”的那么有名，但湘女较为多情，而且精干聪慧，手脚麻利，是当家做事的一把好手。

再就是要说一说河南了，河南是中国文化的发源地之一，七大古都当中，河南就占去了三个，河南人给人印象是文质彬彬的，性格较为中庸，思想比较活跃，儒雅且充满浪漫与情趣，河南可是中原人才之大省，历来文人学士都非常之多，洛阳牡丹花可谓名噪一方，展示出河南以往的历史，赓续着河南人自古以来的万种风情。河南商业较为发达，是中国中部的一个交通枢纽与商业中心，著名的嵩山少林寺则历来游人如织，香火鼎盛。

在华中这个好地方，那可是遍地是宝，就看你的眼力准不准了，行走在这片神奇的土地上，开始我们的寻宝之旅吧！

第一节 在湖北“寻宝”

湖北人口较多，是拥有很多种宗教的一个地区，像佛教、道教、伊斯兰教、天主教和基督教等，这是一个山水名胜与文物古迹共存的地域。

湖北的名胜古迹很多，这与其长久的历史积淀有着密切的关系，尤其是当地的民俗工艺品有较高的历史价值，湖北省独特的日用产品像洪湖羽毛扇、宜昌假山石等闻名遐迩，到湖北旅游除了可以采购一些有名的土特产作为纪念品带回去，另外像洪湖羽毛扇、西兰卡普、金漆盆盘等这些民俗宝物可是文人雅士绝对不愿错过的宝贝物件。

土家西兰卡普

“西兰卡普”是在土家族民族工艺中颇具特色的土家锦，其又被称做“打花铺盖”，这种土家锦由于其特殊的工艺及精美的构图一直被称作中国五大织锦之一。

有关打花铺盖的渊源是与土家族的习俗分不开的，土家姑娘们在结婚的时候都得准备好打花铺盖作嫁妆，因此她们从十几岁的时候就被要求学习彩织的手艺，在出嫁之前精心地制作好心爱的打花铺盖。在土家族地区还有着一个传说：在远古时代，有位土家姑娘特别的心灵手巧，她织了有100种花朵图案的西兰卡普，可是却受到了嫂子嫉妒，嫂子在姑娘哥哥的跟前诬陷她，百般挑唆，称她总是夜里出门幽会，实在败坏门风，于是这位土家姑娘便被残害了……后来的土家族姑娘为了怀念她，就把织的彩锦取了个名字叫做打花铺盖，这也成了土家姑娘的必备嫁妆，如今土家的打花铺盖一般都是采用三块西兰卡普连在一起拼成的。

西兰卡普主要采用深色的锦线作为经线，纬线则主要采用各种色彩的粗丝、棉、毛绒线等进行手工挑织，由于色彩艳丽而且图案新颖，种类也多达几百种，西兰卡普一般被分作三种类型：第一种主要是像自然景物、禽兽、家什器具、鲜花百草等；第二种像一些几何图案，比如单八勾、双八勾等；第三种主要是一些文字图案，像喜、福、寿等，整体效果非常的古朴典雅，惟妙惟肖，看起来光彩夺目。

史书上就记载有土家妇女擅长纺织一事，秦汉时期，土家先民的织锦被人们称做“(上宗下贝）布”，当时主要是给皇室上贡使用，直到宋代，土家织锦开始逐渐兴盛，在市场交易中广泛的出现，这时的“溪布”很大程度上继承了之前的传统，到了明清的时候，土家人西兰卡普工艺开始进一步的发展，独特制织程序已经逐渐的形成，并且达到了比较高的水平。

如今的西兰卡普作为土家族特有的一种知名工艺品，早已经走出了山寨，向世界发展了。在伦敦国际博览会上，五幅《开发山区》织锦壁挂曾经一度引起轰动，获得专家和参展者的好评，这几幅土家西兰卡普是土家族老艺人叶玉翠与汉族工艺美术家李昌鄂合作的成果，在所有的打花老艺人当中，朱么妹与熊经文两人很有名气，她们织的两幅壁挂，一幅参加过加拿大的中国工艺美展，一幅参加过坦桑尼亚、赞比亚的中国工艺美展，都获得很高的评价。

金漆盆盘

在荆楚，漆木器有一个特定名称，那就是金漆盆盘，由于荆楚漆木器的工艺多以“金漆”，而制成品多为“盆盘”之类的器物，这个特定称谓始于荆楚大量生产漆木盆盘的年代，那就是清代中晚期，在那个时期，描绘着龙凤、福禄寿喜和各色吉祥花纹的金漆盆盘极受推崇。

作为沙市特产，“金漆盆盘”的历史可以追溯到2000年前的战国时代，那时楚国人就可以驾驭高超的漆工技艺了，而现代的金漆盆盘工艺特点同古楚国的漆木器是一样的。

虽然叫做金漆盆盘，这种艺术品却不是金黄色的，几乎所有的金漆盆盘都是内朱红而外面为黑色，在器物表面会用红色绘图，并用金色描线，不过大多数出土的楚国金漆器物却不是用真金描绘的，那是因为陪葬品大多没有实际作用，造墓者为了节约资金而用黄色染料代替真金。平时使用的楚国漆木器都是用金线描图的，极尽奢华。

金漆盆盘制作工艺非常复杂，尤其是对于木材的挑选要求非常苛刻，使用的木材必须是存放两年以上的干燥木料，制作的时候更是一步都不能省，首先要把选取好的木料进行加工，木料被制成白坯之后，紧跟着使用天然的国漆对其进行仔细的描刷，制作过程包括磨光——刮灰——砂光——上漆——绘画——描金等前前后后一共需要经过十八道工序，如此精益求精的道道工序之后，才制作出来一件完美无比的金漆盆盘，这件宝物古朴华丽而且坚固耐用，极具收藏价值。

洪湖羽毛扇

洪湖羽毛扇是湖北地区比较传统的一种手工艺品，它主要选用各种鸟禽的翅膀、尾毛等为材料，大多按照羽毛的生长规律、色泽及纹理等制成扇面，扇骨通常采用竹漆、牛骨、塑胎和象牙等，扇尾通常还吊着一根用丝线结坠做成的装饰，民间还经常把这种羽毛扇叫做孔明扇，三国时期的孔明用的就是这种羽毛扇，孔明扇一般都是以名贵的飞禽天鹅羽作为原料，再配上牛角柄制作而成，不仅具有民族风格，还具有一定的纪念意义。

洪湖制扇业的历史非常的久远，一个世纪前，有两个专门制作扇子的作坊，新堤制扇坊与杭州王星记扇庄，两家的关系也较为密切，解放前的新堤镇有 120 多家制扇作坊，许多都集中在如今的钟家墩一带，“洪懋和”的纸折扇是当时最有名的，还出现了具有代表性的扇业老艺人像郑明清（已故）、叶昌发（现八十多岁），他们一生都从事着扇业制作工艺，为此湖北省专门授予他们一个称号——“工艺名师巧匠”。明末清初的时候，新堤就曾经出现了制扇行业，在清朝顺治年间，洪湖纸折扇曾经在华北、西北、陕西、山西一带甚是畅销，民间艺术与劳动者的日常生活紧密相连。由于洪湖制扇业崇尚内在美，寓意多为象征寄托与安宁之意，有时还有祭奠之意，每年到了 7 月 15 日是“中元节”，华北、西北、陕西与山西一带的百姓总会购买洪湖的纸折扇焚烧，以作为祭奠亲友亡灵之用，这种民俗在当地甚是流行，国外东南亚也盛行此风俗。

洪湖制扇将传统工艺与现代技术浑然融为一体，其制作工艺比较复杂，每一把扇子在制作的时候都需要 34 道工序才能制成成品，洪湖的扇子做工非常讲究，品质居全国同行业之首。洪湖扇按工艺常被分做生胎、熟胎及扇面三大类，纸折扇种类一般采用江南毛竹和优质纸作为原料，而且根据扇骨雕刻工艺的差别，有的会采用深雕（在扇骨上雕刻凸形的图形），带给人一种古朴奔放、造型稳重的感觉，有一种名为“国漆班花”的纸折扇骨，采用的是“毛坝漆”作涂料，花纹自然连锁，别具风格，在国外“国漆班花”被称做“豹花”，扇面上的花纹不是画上去的而是艺人们用炉火烤上去的，在国内拥有这项技术的只有洪湖。

一件制作精美的工艺品，会给人带来赏心悦目的美感，令人爱不释手，洪湖扇就是这样吸引着大家的视线，它不仅制作工艺精湛，携带起来也十分的方便，扇面上或书写诗词或印上一些山水画，既美化了生活也有很实用的价值。洪湖扇发展到现在已经行销于 20 多个国家及数十个大中城市，获得了良好的社会与经济效益。

第二节　在湖南“寻宝”

湖南省历来被称作荆楚文化的重要发源地，其境内由于湘江贯穿南北的缘故，又被称作湘，从前湘江流域一带以种植芙蓉为主，又有唐代诗人谭用之曾经留下的诗句“秋风万里芙蓉国”为证，因此湖南又被称作“芙蓉国”。

近百年以来，在历史的演变过程中，湖南当地的湖湘文化已经受到了世人的关注与肯定，它以各种不同的艺术方式呈现在更多的人眼前，湖南的滩头木版年画、湘绣、湖南皮影戏等都被进到了中国国家级非物质文化遗产的保护名录，湖南湘绣城如今已经相当的知名，这里也成为我国第一家由中国文联与中国民协正式授牌的全国非物质文化遗产保护研究基地，湖南的特产宝物像菊花石雕、湘绣、浏阳花炮、土家锦等更是名声在外，绝对能够被称作最为珍贵的收藏。

花瑶挑花

花瑶挑花是流传在湖南省隆回县瑶族女子中间的一种十分独特的手工艺，其成品美丽如画，实在称得上是民间工艺品中之精品，正是由于隆回瑶族女子的筒裙上面都用鲜艳美丽的挑花装饰，所以外人都称他们为“花瑶”。

说起花瑶挑花的历史，那就相当久远了，甚至可以追溯到汉代以前，早在东汉时就有关于花妖祖先“积绩木皮，染以草实，好五色衣服”的记载，而到了唐代，还有“其女子蓝布衫，斑布裙，通无鞋履”的记载，而发展到现在，花瑶挑花则变得更加绚烂美丽。

花瑶挑花的取材非常广泛，图案的题材可分为四大类，其中第一类是动物类，大多为龙虎蛇鹰等；第二类是植物类，多是花草树木等形象；第三种是历史故事和历史人物类；第四种题材则是日常生活类，比如花瑶的传统习俗等都会成为花瑶挑花的图案素材。

花瑶挑花的绣制工艺非常精致，是将布料经纬交叉所呈现的“十”字形作为“坐标”，对角方向用针绣“×”形，这就跟十字绣中的“十字花”一样，还有“一”字形等几何针形，这就使得挑花的基本形式是几根平行长线并列，而这几根线中的两根平行长线间又加上横线所形成的一系列方格。

美丽的花瑶挑花所需要的底布却平凡无奇，多为平粗深蓝布，但由于挑花姑娘技艺高超，行针的长短及用线的松紧等都均匀一致，在针脚密处每针相套绣制，将布底压住，而在简练之处却仅绣几条线一枝花，整体画面色彩分明，疏密得当，可谓“远看颜色近看花”，极具欣赏价值。

菊花石雕

菊花石雕是湖南省浏阳县的特产，那是利用浏阳当地出产的独特奇石——菊花石雕刻而成的工艺品。

菊花石可算是奇石界的一朵奇葩，它实在是与众不同，色泽灰黑，而石头上面则会有很多美丽的白色花纹，这些花纹天然呈发散状分布，仿佛一朵朵菊花般镶嵌在石头上，这些菊花纹晶莹洁白，淡雅非常，甚至有些菊花石上的菊花纹，其花芯有三芯之多，还有些类似绣球龙葵、竹叶菊和金钱菊花的图纹，实在让人叹为观止，据了解，全世界只有浏阳出产这种天然菊花石，是名副其实的独一份。

浏阳当地的石匠们，利用菊花石天然的纹路，精雕细琢，琢出花瓣，并为其增添枝叶，将天然的顽石，雕刻成精美的菊花浮雕，浏阳当地还有“补天石”作坊，工匠们采用浏阳菊花石为原材料，雕制出秀雅的砚池，利用这种石头做的砚池，磨出的墨汁久润不干，人们赞它“奇石质润，色紧而声清”，在清代是专供皇家的贡品，现如今的故宫博物院里还藏有“菊花石砚多方，其大者近尺半，小者约七八寸不等”。

而近年来，由于石匠们精心钻研，已将菊花石雕从平面造型发展成立体多层花卉，还将人物雕刻如浮雕造型中，甚至把很多历史和神话题材展现在观者面前，突破了原本单一的菊花造型，将菊花石雕刻推上了新高度，而这些菊花石雕也在巴拿马万国博览会上，为我国赢回了奖牌。

湘绣

湘绣是源于湖南长沙一带的刺绣，因其构图严谨，色彩艳丽，针法清秀而又富于变化，所绣出的人物花鸟与山水，效果奇特，为世人称道，是我国四大名绣之一。

湘绣的历史悠久，甚至可以追溯到2000多年前的战国时代，从长沙马王堆出土的绣品中，世人可以窥见湖南湘绣的滥觞，在湘绣发展的2000年间，吸取了苏绣及粤绣的优点，变得更加优美。湘绣历史上很早就已经出现了，湘绣手工艺产品蕴涵着丰富的艺术内涵，2500多年前春秋战国时期，湖南就已经开始发展起地方刺绣了，迄今为止，最早被发现的湘绣制品，是长沙马王堆一号汉代墓葬出土的丝织品，其使用的针法和现在的湘绣差别不是特别大，这表明2000多年前汉代的时候，就已经有了湘绣工艺，到了清代末年的时候，湘绣已经成为了一门独特的传统文化艺术，湘绣作坊、庄店在湖南长沙沙坪一带纷纷而起，作为名贵手工艺品投入市场以后，沙坪的湘绣手工艺品开始名声在外。随后，沙坪的一些绣师们在进行刺绣的时候，开始参照国画中的山水人物、花鸟走兽为基础，不断地进行艺术再创造，这时的湘绣已经被巧妙地与绘画、书法等多种艺术融合在一起，绣品变得更加的逼真生动，具有强烈的质感，逐步形成了湘绣优美的艺术韵味，从此，这里的湘绣受到海内外各界人士的钟情，沙坪也因此获得了“湘绣之乡”的美誉。

湘绣通常以硬缎、软缎、透明纱和纯丝绸为绣制的底布，并用各色丝绒线精心绣制而成，湘绣的绣法，有平绣、结绣、织绣、网绣、立体绣、打子绣、剪绒绣等很多种，将这多种绣法灵活运用，将绣品中的一鳞一爪或一瓣一叶都一丝不苟地表现出来，湘绣的每根花线劈成两半，其中每根称为“一绒”，而每1/12粗的花线称为“一丝”，湘绣时常根据不同的底布和题材，结合花线的劈丝粗细程度来表现所绣形象的质感，比如为了表现金鱼鱼尾的轻薄和透明质感，要用极细的花线来绣制，湘绣充分发挥出了针法的表现力，整体的感觉构图非常的严谨，图案设计很完美，达到了形神兼备的一种艺术境界，在湘绣的绣品中既有美观适用的日用品，也不乏名贵的欣赏艺术品。

在挑选湘绣的时候，最主要的方法是要看湘绣表面的光洁度，如果绣品的用针太稀的话，绣品的光洁度就会很差，而优秀的绣品针脚细密，图案立体，使整个绣品光洁度非常高，比如绣猫的作品中，如果不调整丝理，就很难绣出猫毛茸茸的形象，那些粗糙的绣品中猫毛都像钢针一样粗糙。

全国解放后，沙坪湘绣技艺进一步得到提高，题材也越来越广泛，在继承传统湘绣的基础上，开拓出了更多新的绣艺技法，如今沙坪湘绣是当地经济的支柱产业，从品种、规格到产品质量等都非常的优良，高、中、低档一应俱全，沙坪湘绣从此畅销世界各地。

浏阳花炮

每逢传统的民间节日或者是吉庆的活动时，为了渲染热闹的气氛，人们都喜欢燃放花炮庆祝一番，提起花炮的话，我国的浏阳花炮那可是很有名气的，早就有“浏阳花炮震天下”一说，浏阳花炮的装饰效果非常有特色，在燃放的时候色彩纷呈，金光四射，声音更是响彻九霄，由于节庆之时燃放花炮早已成为我国古老民俗的一部分，尤其是浏阳花炮更是人们的首选，因此浏阳作为我国的烟花之乡，每年都会大批量地生产烟花供应市场的需求。

若要说起浏阳花炮的历史，那可就远了，据说在1300多年前，从唐代的时候就已经有工匠开始制作花炮了，到了宋代的时候，浏阳花炮已经名扬天下了，到了清朝雍正时期，浏阳还被冠以“花炮之乡”的美名，在这里还有一个传说：雍正皇帝登基元年的时候，元宵佳节要燃放花炮进行大肆庆祝，皇宫内下令花匠们创新出新式的花炮进贡朝廷，浏阳的官吏就下令当地有名的花炮巧匠李泰创制出新型的花炮，李泰为了完成使命终日寝食难安，有一天，李泰在街头行走的时候经过一家铁匠铺，突然间有了灵感，他赶忙回到家中，就开始行动起来，他在铁屑里面掺入了火药和米汤，在导火线处使用黑硝做动力，这样制造出的烟花，在燃放的时候喷射出了绚烂的烟花，颜色还能够变化，当节日来临的时候，紫禁城上空处处绽放着绚烂的烟花，众人看得眼花缭乱，雍正皇帝甚是高兴，于是就赐名浏阳为“花炮之乡”。

后期的浏阳花炮的制作工艺一直沿袭着古老的手工技艺，浏阳花炮的制作原料主要是一些随处可见的像土质、黑硝、硫黄、炭末等材料，经过12道流程、72道工序制造而成，花炮安全精美，燃放绚烂。

第三节 在河南"寻宝"

河南是中华民族最重要的发源地之一，在4000多年前的时候，河南就已经成为我国九州中心之豫州，故简称"豫"，除此之外，还有"中州"、"中原"和"中土"的称号，自古就被称作"居天下之中"的河南，由于气候适中，山水相间，非常的适合人类长期居住，河南被称作龙的故乡，从出土的文物上来推测，河南的龙文化最为久远，而且也是最为正宗的，这些对于中华文明的发展具有积极地促进作用。

河南还有很多名优特产品，道口锡器、浚县泥咕咕、盘砚、钧窑瓷器等名贵宝物，罗店麦草画、商丘宋绣、开封汴绣、南阳玉、信阳毛尖、偃师银条等也已成为国内知名品牌。

道口锡器

道口锡器又被称作道口点锡，这是道口一种传统的手工业产品，属于河南的名贵特产，这种手工艺品采用广锡作为原料，制成的成品主要是各种生活器物，像茶器、酒器、祭器及其他的生活用具和装饰品等。道口锡器的特点可归纳成六点：其一，泡茶易出味，又可增添香味；其二，长期装酒也不夺酒味；其三，即使放置于潮湿处，锡器色质没有变化；其四，锡器较为坚固，不容易扁碎；其五，即使长久使用，敲击锡器仍能声亮如铜；其六，即使锡器日久失去光泽，用白布进行擦拭的话仍然可以去除表层的黑色，看起来光亮如新。

道口锡器是一种很古老的传统手工艺品，其名声大振据说是跟一个民间传说有关，相传在宣统年间，当朝皇帝在南巡的路途当中经过淇县，傍晚就住在了这里，当地有个叫不二的小商贩顶撞了贵妃娘娘，宣统皇帝因此勃然大怒，下令要把不二关入大牢，小贩不二的家人非常担心不二的生命安危，就想办法解救不二，想来想去打算把自己家的一些粉盒、花瓶等道口锡器进献给皇上，希望龙颜大悦之余能够减免不二的罪行。果然，宣统皇帝在看到进贡上来的黑糊糊的器物经过白布轻轻一擦之后居然立刻变得光彩照人，很是开心，再仔细一看道口锡器上的花纹优美雅致并且还带有淡淡的香味，皇上非常喜欢，于是就把这几件道口锡器赐给了贵妃，因此也就免去了对不二的刑罚，从此以后道口锡器名气就越来越大。

现如今，在道口镇提起道口锡器的话，就好像是酒与茶一样，早已形成了当地一种特殊的文化，这就是锡器文化，许多到过此地游客都被锡器的色泽和工艺所吸引，便深深地喜爱上了这种工艺品，并将之珍藏起来。

浚县泥咕咕

浚县泥咕咕，其实就是浚县出产的一种泥塑的玩具，由于这种泥塑玩具的形状较小，最大的也不过 20 厘米，最小的只有 4—5 厘米左右，在这些小泥塑的尾部还有两个小孔，吹起来的时候能够发出“咕咕”的响声，因此这种小泥塑被人们称做泥咕咕。浚县泥咕咕通常都是用黑色作为底色，在黑色的底色上，匠人们会使用毛笔画出各种花样的图案进行装饰，彩绘的话大多都会描绘上一些白色、大蓝、大红、大绿等鲜艳颜色的条纹，这些颜色用蛋黄调制而成，色彩很是鲜亮，色感对比较为强烈。

在古代的时候浚县曾被称作黎阳，这个地区具有非常丰厚的历史文化积淀，民间文化非常具有特色，其中像泥咕咕就属于民间文化的一朵奇葩，要说起泥咕咕最正宗的产地，当属浚县黎阳镇杨圮屯。

在史书《资治通鉴》当中就记载有关于浚县泥咕咕的详细来龙去脉：在隋末农民起义军同隋军争夺黎阳的时候，瓦岗军当中有一位叫做杨圮的大将，曾经在黎阳镇杨圮屯处进行屯兵，为了纪念在战场上阵亡的一些将士和战马，军中的一些兵士捏起了泥人以示纪念，后来一些士兵就在这里安家立业，从此这门手艺也就流传了下来。

浚县泥咕咕的制作手法其实并不难，很容易学，艺人们时常会在村边挖上一些黄胶泥带回家中，将其加水和成泥，使用棍子不断捶打泥巴，等泥巴变得柔软得像面团一样的时候，放入事先准备好的模具当中或者有的艺人干脆用手捏来造型，塑形之后用一个削得一头粗一头细的竹棍在其上雕画各种细小的纹路，然后根据其形状在相应的位置上打好孔，这是为了能够使泥咕咕可以吹出不同的响声来，最后一步就是煅烧了，匠人会把这些泥咕咕放到小土窑里进行烧制，一个小小的泥咕咕就大功告成了。

浚县泥咕咕的风格甚是古朴，不论人物、鸟兽等制成的形态都十分逗人喜爱，泥咕咕这种小小的工艺品本身寄托了艺人们对生活的一种热爱，凡是到浚县游览的人们，见到这种小玩具都会带回一些进行居室摆设和收藏。

盘 砚

盘砚又被称作天坛砚，主要出产在河南济源，属于我国十大名砚之一，盘砚的石质既坚硬又细腻，发墨且保湿，再加上雕工精细，造型优雅显得甚是古朴典雅，清代的乾隆皇帝就曾经特意为盘砚写过《盘谷考证》，这也使得盘砚从此以后声名大振。

提到盘谷砚石的来历，有这样一个传说，我们知道在我国古老的神话传说里面，天和地都是上古神盘古开辟的，可据传，盘古是从一个巨大的鸡蛋当中孕育生成的，在盘古破壳而出的时候，破了的蛋壳被埋在了太行山脚下，这些蛋壳的碎片在若干年后就逐渐变成了光滑的石头，这种石头就是后来的盘砚石。

盘谷砚的制作过程需要非常细致和认真的工作，任何一个工序如果出现疏忽的话都会影响到盘谷砚的品相，盘谷砚的制作工序主要包括选石、成形、构思、自凿、雕刻、打磨、制盒、油漆，最后进行包装。在济源西北大约 15 公里的地段，太行山两峰之间的一片山谷被称作“盘谷”，这里就是盘谷砚石的主要产地，这里产出的砚石算上去有十多种，其中最著名的像“青斑”、“天蓝”、“三彩”等，这些砚石的特征就是纹理甚是细密，制作成砚台以后，具有“刚不露骨，柔足任磨”的特点，由于盘谷砚石质天成，雕工精细，一直受到书画家的推崇，是收藏佳品，受到了古今中外书画名家们的一致盛赞。

钧 瓷

钧窑瓷器以“釉具五色，艳丽绝伦”而闻名于世，名列宋代五大名窑之首，属于我国的国之瑰宝，钧窑名列宋代五大名窑之首，钧瓷因窑变可以烧制出各种各样的色彩，像茄皮紫、丁香紫、朱砂红、玫瑰紫、鸡血红、海棠红等许多绚烂无比的色彩，都能够在窑变当中生成，这些彩釉互相渗化辉映，看起来就好像天空中艳丽的彩霞一般美丽，而彩釉上还显现出如同流云一般的流纹，给人一种意境绝妙的感受，自古至今，凡是见到过钧瓷的人几乎都毫不吝惜地盛赞钧窑，称其为“钧与玉比，钧比玉美，似玉非玉胜似玉”，以及“黄金有价钧无价”等，这些无不表现出钧窑的欣赏价值。

钧瓷之所以名贵，就是由于它的釉彩制作工艺和其他瓷器是完全不同的，其他瓷器的器具表面上的图案和釉色都是在烧制瓷器之前靠制陶工匠进行绘画或者雕刻出的，可是钧窑出产的瓷器却不同，其确实是靠着精准控制瓷胎和釉料的原料配比，并严格控制烧制的时间与温度，包括冷却的各种条件，依靠这些使瓷器表面的釉料发生变化，从而产生出绝妙的窑变，为钧瓷增添瑰丽的颜色及空灵的花纹。

现今的钧窑在瓷器的烧制上又进行了更大的创新，使得如今的钧瓷产品更加的具有宝贵的收藏价值及更高的艺术水平，而技术上的改良也使得现在的钧瓷的废品率开始急速降低，釉面显得更加的光洁，整体器物给人一种更为时尚的感觉。

第四节　在江西“寻宝”

江西简称为“赣”，位于我国东南部长江中下游的南岸，自古以来江西以物产富饶、人文荟萃而享誉四方，一直被人们贯以“物华天宝、人杰地灵”的称誉，江西的生态较好、资源较为丰富，物产也较为丰厚、品种非常的多样。

江西的宝物很多，像景德镇瓷器、傩面具、宜春脱胎漆器、铅山连四纸、万载夏布等，尤其是景德镇的瓷器可以说是源远流长、闻名中外，以“白如玉、明如镜、薄如纸、声如磬”的特色被世人盛赞，据说江西樟树的四特酒还曾被周恩来总理赞誉“清、香、醇、纯”之特色，四特酒名字的起源便是由此而来，此外像庐山的云雾茶、中华猕猴桃、赣南的脐橙、南安的板鸭、泰和的乌鸡、江铃汽车、金圣的卷烟、凤凰相机等物产，均被列入中国驰名商标。

湘东傩面具

傩面具是一种雕刻手工艺品，主要出产于江西萍乡湘东，在古代的时候傩面具是采用铜制作而成，但是在100年前的时候，匠人们开始采用香樟木进行雕刻，这些湘东傩面具大多会在雕刻之后以油漆彩绘进行勾描，为的是突出庄严粗犷的艺术形象，傩面具大多都是以古代名人作为原型进行刻画，艺术夸张使得形成的形象更加的生动和形象。

在湘东，傩面具被赋予了神圣庄严的意义，有这样一个传说，相传有三位将军杀尽了天下所有的鬼怪妖孽，正当要升天复命的时候，百姓们由于害怕鬼怪再来，就纷纷苦苦地哀求将军们留下来继续镇鬼，将军们就从半空中扔下了一个牛角号，叮嘱人们雕刻他们的塑像，称只要吹响三声号角，三位将军就会降临人间帮助人们镇鬼，由于当时将军们在云端之间，地上的匠人只看见了他们的头面，只好雕刻了三只面具。

傩面具的雕刻技艺被分为了唐代雕法和宋代雕法两种，唐代雕法是很粗陋的，而宋代雕法的作品则细部精致，栩栩如生，现存的傩面具雕刻技术完全沿袭了宋代技法，是在清代由湖南传入湘东的，傩面具的雕工细腻，工艺讲究，匠人在写实的基础上进行艺术加工，根据人物性格要求，综合运用浮雕、圆雕、透雕、线刻等众多的技法，淋漓尽致地表现出人物的特点，将面具所要传达的性格呈现在观者的眼前。

现如今，湘东雕刻傩面具的艺人被人们称做处士，处士们在制作面具的时候有很多的清规戒律，为了使一尊傩面具承载着生命的神灵之气，雕刻好的面具里会封入茶叶灯芯草等之后再用鸡血涂抹面具，致使傩面具更加的具有神秘的色彩，男人如果戴上傩面具即是神灵附体，言行都庄严而神圣。

景德镇瓷器

景德镇是我国著名的“瓷都”，在景德镇窑火已经燃烧了上千年，所制造出的瓷器更是“白如玉，明如镜，薄如纸，声如磬”，具有绝对的收藏价值，在所有的景德镇瓷器中，以青花、玲珑、粉彩、颜色釉雅致珍奇，被称作景德镇的四大名瓷。景德镇这座瓷器之都位于江西省东北部，虽然地方不是很大，但不管古今中外，景德镇都一直是令世人瞩目的著名瓷城，一度受到不少的史学家、文学家等高度赞誉。

景德镇制瓷的历史开始于五代时期，到宋朝开始快速发展起来，而到明清时期已成为我国的制瓷中心，这上千年的技艺发展，让景德镇的陶瓷制品成为整个中国瓷艺的一个标志。景德镇的历史据说是从东汉时期发展而来的，之后又经过三国、魏晋一直发展到南北朝时代的陈朝，瓷业的生产技艺是名气越来越响，尤其是到了唐代，景德镇瓷器更是名扬四海，这时的瓷器主要都是贡献给朝廷使用，到如今为止，我们能够探究到的瓷器的最早的遗迹就是五代时期，目前五代被当做了景德镇瓷业的最早时期，宋元以前的那段时期全国就已经遍布名窑，明代以后，尤其是景德镇瓷业的技艺水平及烧造规模开始远远超过其他的各地窑场，当时出品的一些精美无比的宫廷用瓷许多都是景德镇烧制而成，从这个时期开始，景德镇成了全国真正的瓷业中心。

景德镇的制瓷工艺相当的繁杂和专业，分工也非常的细致，在所有的制作工序当中，最重要的要算拉坯、利坯、施釉、画坯和烧窑这五个步骤。这当中拉坯其实指的就是制作瓷器的雏形阶段，而利坯工序则主要是把瓷器的粗坯进行平整处理，然后在施釉的步骤中，工匠会给坯的内外都进行上釉，紧接着就是画垭，画坯就是在坯胎上进行绘制图案，烧窑就是把泥坯烧制成瓷器的一个过程。

在世界陶瓷史上，景德镇瓷业都是一个奇迹，它一连上千年长盛不衰，这些全凭借的是景德镇制瓷业的精湛制瓷技艺，景德镇的瓷器成为中国陶瓷业的最杰出代表确实当之无愧。选购景德镇瓷器是很有学问的，这里要教给大家一个技巧，可以省略成为四字口诀：看、闻、敲、摸。看指的是要查看瓷器的表面是否光洁、釉彩的色度是否有异样之感，画工又是怎么样；闻则是指查看是否有劣等陶瓷的那种异味；敲是指听一听陶瓷的声音是否清脆、有无裂纹；摸是指用手抚摸瓷器的表面看看有没有什么不平整的气泡等，最后一步就是还要注意查看器物有无底款，包括有无证书等，这些都能够证明瓷器价值的必备凭证。

景德镇的瓷器四海皆知，全国闻名，在我国的各地经常会举办一些景德镇展销会，其中有不少的仿冒品，大家在购买的时候一定要谨慎。

铅山连四纸

铅山县出产一种纸，非常的有名，这种铅山纸被称作连四纸，是纸中之精品，在明代时期，曾经有文士高濂称赞连四纸“妍妙辉光，皆世称也”，这种纸的纸质特别的洁白还带有荧光，摸起来感觉细腻柔嫩，而且还具有防虫耐热、永不变色的特点，在铅山县当地，连四纸还被人们称作寿纸千年。因为相传在古代的时候，贵重的书画、书籍等都是要使用连四纸写之并进行传世，甚至时至今日，书画名家及鉴赏家们对于连四纸都无比的喜爱。

铅山连四纸的取材来自于当地生产的毛竹，采用毛竹作为原料进行加工制作才能够形成。铅山县地处江西东北部，山清水秀，水系比较发达，这里出产的毛竹非常适合制造纸张，当地的造纸匠人每到立夏时节，当毛竹即将生长出两对芽叶的时候，把毛竹的嫩竹竿进行砍伐，然后经过长达几个月的风吹雨淋后，嫩竹竿会自然的漂白，然后还需要经过 72 道工序才可以制作成品纸张。

连四纸所有的制作工序全部都需要手工进行操作，匠人们没有什么指标可以进行参考，完全凭借自己的经验驾驭整个造纸的全过程，据当地的匠人称连四纸的造纸过程关键有两点：第一，水质务必要严格控制，不能受到任何的污染；第二，配药的过程需要用水卵虫树制成的药。

经过造纸工匠的辛苦劳动，铅山连四纸最终才能呈现在人们的眼前，因此这些手工制造出的铅山连四纸特别的珍贵，由于造纸的工艺的制作过程还不能用现代科技进行代替，因此这也算是我国非常宝贵的非物质文化遗产。

万载夏布

万载夏布是一种布料，但这可不是一块简单的布料，它是承载了万载当地人民文化生活的一种载体，万载夏布具有布质挺括不变形，细腻不褶皱，而且洗涤也非常的方便，“嫩白匀净，通行四方，商贾幅辏”是当地人们对其的称赞，这是一种纯手工的布料，非常的珍贵，据记载在20世纪的时候，万载夏布就已经开始远销海内外，到现如今，由于弥足珍贵，国务院已经把万载夏布的制作技艺列入了国家级非物质文化遗产名录。

万载夏布的制作工艺相当的复杂，大致被分做绩纱与织布两个部分，所有的工序加起来包括几十道工序，而这当中绩纱的过程非常的重要，匠人在这个过程当中需要把湿麻劈成细细的一缕缕，然后将其拈成细纱，这些过程全部是靠纯手工完成，匠人精心的制作，平均一天的时间也就能绩三两纱而已。再有织纱的这道工序则包括经纱、刷浆、上机和织造四道工序，在以上这些工序当中，经纱和织造两道工序可以说是最困难的，经纱需要在阴凉的处所把纱线密密地排好之后使用白米浆刷得甚是挺括，织纱是把夏布纺织出来，而织纱过程中需要注意忌炎热酷寒。

由于万载夏布是纯手工进行制造而成，崇尚的是自然环保，并且万载夏布非常的实用，受到了广大群众们的无比喜爱，这也是前往江西进行旅游人们必不可少的必买礼物。

宜春脱胎漆器

在江西的西部有一个城市叫做宜春，这里是脱胎漆器的故乡，这里生产的脱胎漆器不仅外观看起来美丽，轻盈可爱，色泽更是明艳动人，并且漆器的外表面更是无比的光滑，与普通漆器相比较，宜春脱胎漆器不会那么的怕水和怕热，也可以说这种脱胎漆器对收藏环境的要求不是那么的苛刻，而且收藏的时间越久反倒会变得更加的光彩照人。

宜春脱胎漆器最初创始时期，据说可以被追溯到距今 1700 多年的东汉，在脱胎漆器当中最著名的一件作品，要属鉴真和尚造像，这幅漆器听说还是专门由日本僧侣护送回我国的，在清代年间，宜春的脱胎漆器还曾经获得了南阳赛会的一等奖。

宜春脱胎漆器的制作手法是纯手工制作，因此在现今机器生产纪念品盛行的时代，宜春脱胎漆器显得无比的珍贵，脱胎漆器的制作过程相当的复杂烦琐，技术要求也非常的高，整个制作过程需要经过十多道工序才可以完成，制作步骤是：先进行手工模型的制作，然后在模型上面使用棉布、绸布和夏布进行装裱，最后还要涂上调制好的漆液，涂抹好以后，需要把它放到阴凉处完全进行阴干，等待完全阴干之后就可以脱下内部的模型，剩下的就是填灰、上漆的工序，最后是打磨、推光和装饰，如此一个完整的脱胎漆器才算是制作完成。

到了现在，宜春脱胎漆器的制作工艺有了很大的改进，如今的制作工艺当中还融入了铜、银、瓷、玉器等制作工艺，甚至还借鉴了雕填、彩金花和磨漆画等加工技法，这些技艺的综合利用，使得宜春脱胎漆器形成了自身的独特风格，成品也是更加的多元化，受到世人热爱。

淘宝中国

To Search rare treasure in China

第三章 探宝华东

华东地区的地形大多以丘陵、盆地和平原为主，整个华东地区的自然条件算是相当的优越的，物质资源也非常的丰富，各类商品的生产更是层出不穷，工业发展的较其他地区发达，整体技术水平属于比较高的一个经济区域，在全国占主导地位的主要有轻工、机械、电子工业方面，水运、公路、铁路及航运更是非常的便利，可以说是我国经济发展的重要地区之一。

华东地区以其深厚的文化底蕴，美不胜收的景色深深吸引着天下的游客，其实自古以来，华东这块美丽富饶的土地一直都吸引着前往这里进行探宝的人的目光，这里既有著名的历史文化古城，又有宏伟壮观的名山大川，可以说是既传承了千百年来的历史文化，又充满着现代化的气息，美丽的自然景观和著名的人文景观交相辉映。

上海是华东区的重点城市之一，这座国际性的大都市是中国最大的一座经济中心城市，每到华灯初上之时，十里南京路上便霓虹闪烁、店铺林立；融汇着中西建筑特色的美丽外滩四处灯光摇曳；巍峨的东方明珠塔高高的耸立着，一派“大珠小珠落玉盘”的景象；黄浦江畔更是充满着流动的诗情，处处洋溢着东方明珠的神韵。

再就是著名的苏州了，这里是江南“小桥流水”的杰作，像著名的苏州古典园林，其如诗如画的设计极具特色，早已经被列入到了世界文化与自然遗产的名录当中，而那条戴望舒曾经描写过的雨巷，如今还好像一直都萦绕着丁香女吴侬软语的叫卖声。再就是一直都被称作天堂的杭州，曾经留下了无数的名人雅士前行的脚步，又岂是苏东坡的“欲把西湖比西子，淡妆浓抹总相宜”的诗句能够全部囊括的呢？加之这里有关白蛇的神话传说，描绘出其无比妖娆的风情。

华东地区既有上海这样的国际大都市的繁花似锦，又具有苏杭的温婉秀丽，来到如此美丽的地方可以畅快地游乐，可是如何能够把这些美尽收囊中呢？淘些特色宝物会使你觉得更加尽兴，也留存下值得回味的美好记忆。

第一节 在山东“寻宝”

山东是一个历史悠久的大省，是中华文明的发祥地之一，这座省份农业与手工业在早期的时候就很发达，曾为我国社会的整个发展进程做出了重要贡献，作为我国重要的纺织品中心，历史上曾将大量纺织品不断地销往西域等国。

山东最值得一提的特产宝物当属潍坊风筝、扑灰年画及著名的山东鲁绣了。

潍坊风筝

潍坊又被称作鸢都，潍坊这个地方出产风筝，潍坊风筝主要采用轻巧的竹子制作骨架，细腻柔滑的丝绢制作成蒙面撑在骨架上以后，就可以在上面进行手工绘制图画，如此制成的风筝工艺非常的精致鲜活，深受人们的喜爱，非常具有玩赏的价值。潍坊风筝分为软翅、硬翅、板子和龙头串式等很多种，它们在天空中翩然飞舞装点着整个天空，也锻炼了放风筝的人的身体。

若说潍坊风筝的历史，那可相当有年头了，可以追溯到春秋战国时代，据说当时鲁国的墨翟就曾经制作过一只木鸢，它就是现代风筝的最早源头。风筝真正兴盛起来要算是明朝了，后来到了清代，潍坊当地也出现了很多专门做风筝的作坊，风筝从此在潍坊扎下了根。

潍坊风筝有四道工艺：扎、绘、糊、放，其中扎风筝骨架的工学包括选竹材、破削竹材、修整竹条、扎结竹条等过程，别小看了扎骨架这道工序，扎骨架可是风筝制作的基础，骨架扎的好的话，风筝才不会轻易晃动，这样放得就会比较稳。糊风筝用的材料通常可以采用纸、矾绢或者薄绸，具体材质要按照风筝的形式去定，在糊风筝的时候，要对比着扎好的风筝架子进行裁剪用纸，纸要比风筝架子大一些，这些纸的边缘部分需要剪开一些小口，主要是为了方便涂抹糨糊后，能够很好地糊在纸条上。糊好的风筝纸上一般会绘制一些十分生动的图案，但也有些是先绘好图才将其裱糊到风筝架子上的。

风筝的绘图过程实际上也是吸取了潍县木版年画的一些技术特点，线条较为粗犷，色彩更是浓重而浑朴，民族艺术特色非常的突出和鲜明。

鲁　绣

山东有一种刺绣品叫做鲁绣，这种刺绣品是山东地区的代表性刺绣，由于山东省简称“鲁”，故名鲁绣，全国八大名绣之一的鲁绣是山东刺绣品的代表，在历史上，鲁绣也是被记载的最早的一个绣种。

说起鲁绣的历史，要从春秋时期算起，因为那时鲁绣已经开始逐渐兴起，史书上人们把鲁绣称为“齐纨”、“鲁缟”的名称，在秦朝的时候鲁绣开始兴盛起来，而汉代以后鲁绣就俨然已经成为普及天下的绣品。最初的时候，鲁绣曾经在河北、河南和山东等地流行了很久，绣品包括服饰及书画工艺品等，鲁绣当中最具有代表性的品种要属济南发丝绣

(纯手工绣制)，这款绣品在清朝出版的《顾绣考》一书当中曾经记载有相关的记录。南宋时期的有一幅《东方朔像》的发丝绣，如今就悬挂于英国伦敦的博物馆内，这是迄今为止发现最早的一件鲁绣珍品。文登民间，绣花一直是被当做女人必学的一种“功夫”的，俗称为“女工”，在农家有一种绣花专用的架子，人们管它叫做“撑子”，就是这种特殊的工具“撑子”使得鲁绣工艺得以代代相传，每逢农闲时节的时候，姑娘们聚集在一起，一边聊天一边在“撑子”之上飞针走线。姑娘们用不同的技法在各种布料上绣出各种美丽的图案，衣裙、手帕、被褥、肚兜、轿衣上面处处可见。

鲁绣的风格特别的独特，鲁绣的底衬很多都是一些暗花的织物，绣线一般都采用的双股的彩色衣线捻成粗线，其针法分为很多种，像擞和针、打籽、齐针、滚针、缠针、辫子股针等，绣品的题材内容多为鸳鸯、蝴蝶和花草等，尤以莲花最为常见。鲁绣的一大特点就是绣品色调较为淡雅，质感非常的逼真，而且具有非常粗犷的风格。

鲁绣在我国的刺绣文化史上一直占据着重要位置，其吸取了“苏、粤、蜀、湘”四大名绣的长处，而且又很有自己的特色，绣品具有清新淡雅、栩栩如生、风格粗犷但又见精微，带有中国书画之笔墨效果是鲁绣作品区别于其他绣品的最大特征，经过不断的创新，文登的鲁绣在近40年的发展已经达到了技艺相当纯熟的水准。

扑灰年画

在山东的高密北乡附近的姜庄、夏庄等一些村庄里，现在还保存着一种非常古老的民间绘画艺术，叫做扑灰年画，为什么叫“扑灰”呢？原来是和这种年画的制作手法有关系，在制作这种画的时候需要把柳枝烧成灰，再开始描线，将其作为底版，既然是底版，当然就要复印上很多张备用，接下来艺人会在这些画稿的基础上，采取粉脸——敷彩——描金——勾线等一些列的装饰，这还不算完，最后还要在一些突出的地方涂明油使其发亮，由于原本只是一张画稿却被扑成了许多张，因此被人们称作“扑灰”。

扑灰年画最初是在1465－1487年也就是明代成化年间开始兴起的，而到了清代的时候，扑灰年画就已经相当的盛行了，后来还融入了我国写意国画的基础，扑灰年画更是发展开来，后来，据说在高密北乡的公婆庙村居住着一户人家，这家人姓王，他们全家人都以制作年画为生，他们还结合了文人画和庙宇壁画的技法，并且不断地进行发展创新，因此形成的扑灰起稿更有自己的特点，这些扑灰稿继续经过不断的手绘加工等，最终才制作成了年画，这种画可以说是半印半画，追求动感的形象，线条感很强，有着浓浓的写意画韵味，而在色彩方面着色非常的浓重，以色代墨，色彩非常的艳丽，视觉上给人明快之感。

扑灰年画通常是以传说故事，着古装的仕女、戏剧人物、胖娃娃、山水花卉等为题材，这些人物还有一个较为显著的特点就是面部都呈肥大有腮之感，但丰满圆润之中却不失隽秀之感，将年画及民间的年俗活动进行紧密结合是其艺术特点之一，由于技法相当的独特，因此一直以来很受民间老百姓的欢迎。

扑灰年画的制作工艺非常的烦琐，年画艺人想好要以什么内容作画以后，就会采用柳木炭条开始起线稿，等完稿之后，使用画纸复印上许多份，经过了起稿、扑灰，接下来就是手绘，然后还要有许许多多的工序才能制成漂亮的画来，工序有：落墨、粉脸、开脸、熏脸、涮脸手、乌眼、开眉眼、立眼、点嘴、丝发、上色、涮道、涮花、磕花、描粉画金、粑胡子、罩明油、刷边裁边等，这样的一整套工序制作出来的画能不珍贵吗？

山东潍坊高密扑灰年画可以说是迄今为止世界上都少有的画种，非常的独特，属于高密三绝之一，也被我国人民称作“中国一绝”。

第二节　在江苏“寻宝”

江苏，是我国历史文化名城众多的一个省份，文化色彩浓厚，在历史上就被人们唤作鱼米之乡，属于物产富饶之地。据说在元朝时期，苏州就已经成为全国最为繁华的工业和商业聚集中心，南京也紧随其后进一步发展起来，江苏兼具南北两地的文化色彩，在 19 世纪末的时候，近代的一些工业也逐渐开始崛起，其中在无锡、南通、苏州、常州、徐州等地相继出现了丝织、缫丝、纺织、面粉、采煤等产业。

特别值得一提的要算江苏的丝织业了，绝对是享有世界的盛誉，最具代表性的就是南通蓝印花布了，还有雕工了得的桃花坞木刻年画，美丽的雨花石，有名的特产常州梳篦……

雨花石

在江苏南京一带，美丽的扬子江畔，景色迷人的南京六合等地，有一种美丽的石头叫做雨花石，雨花石是一种天然的玛瑙石，还被人们唤作文石，民间还有一种叫法称其为观赏石或幸运石，这种美丽的雨花石，因为有着美丽的色彩和花纹能够供人观赏，受到不少人的喜爱，能够以花对一块石头命名，可见其是多么的美丽迷人了。不仅如此，在世界上这种雨花石在观赏石的品类中都可以说是佼佼者，是石头界一朵美丽的奇葩。

自南北朝开始，文人墨客甚是喜爱游走祖国的山山水水，更是经常寄情于山水，到了唐宋时期这种风潮更是一度升至巅峰状态，换今天的话来说就是一种风尚，据史料记载，这一个时期曾经留下了无数赞美雨花石的诗词妙句，这种神奇的雨花石甚至被人们称作是石中的珍品，称号更是很多，像“石中皇后”、“天赐国宝”、“中华一绝”等。

雨花石这种珍贵的石头还有一个名字叫做“雨花玛瑙”，这个名称是源于其内部构造，雨花石是由石英、玉髓及燧石或蛋白石这些主要成分混合之后才逐渐形成的。在这里不得不提起一个美丽的传说故事：传说大约在 1400 年前的时候，南京的南郊有位法师叫做云光法师，一次法师在讲经说法的时候，没承想竟然感动了上苍，天空中下起了美丽的花雨，这些花雨落下来之后竟然化成了美丽的石头，这就是后人喜爱的雨花石，成语“天花乱坠”据说也是由此典故而来。雨花石由于聚集了天地之灵气，采日月之精华，让雨花石观赏者感到心旷神怡，这种石头具有安神保平安之意，这些都决定了人们对其倍加喜爱，争相进行收藏和赏玩，雨花石所呈现的影像是不同的，根据其影像分成不同的种类，有人物、动物、风景、花木、文字、抽象石等，雨花石还分为不同的品级，分珍品石、佳品石、精品石、绝品石……历代的名人及文人骚客都非常喜爱雨花石，乾隆皇帝生前曾六次南巡下南京，而为雨花石题的诗就有五首，在莫愁湖畔的观景石上如今还保留着乾隆当年题写的赞美雨花石的诗句。周恩来总理也很喜欢收藏雨花石，在南京梅园新村里面就陈列有周总理收藏过的雨花石。

桃花坞木刻年画

江苏省苏州市有一处叫做桃花坞的地方，当年唐伯虎就住在这里，人们对这里的了解除了唐伯虎之外，还有就是这里的年画，民间桃花坞年画还被人们称作“姑苏版”。由于主要是在苏州桃花坞地区出产，因此才被称作桃花坞木刻年画，这种年画与河南、朱仙镇、天津、山东、四川等地的年画共同称作是“中国五大民间木刻年画”，桃花坞木刻年画以其丰满细腻的构图、明快亮丽的色彩，得到人们的厚爱，曾一度被我国许多地方的人们所喜爱，还曾经被带到日本及英国、德国等国家，日本的“浮世绘”也受到桃花坞木刻年画的影响得以发展，海外媒体送了桃花坞木版年画一个名号为“东方古艺之花”。

桃花坞木刻年画起源于宋代，该时期的雕版印刷的绣像图就是桃花坞木刻年画的原形，大约到了明代桃花坞木刻年画开始成为民间的一种真正的流派，尤其是到了清朝时期，在雍正、乾隆年间桃花坞木刻年画发展到了甚为昌盛的阶段，每年仅桃花坞木版年画就能出品百万张以上的数目，可以说是江南水乡的著名特产，另外这种图文并茂的年画还具有连环画的形式，于是被采取木版实行套印的方法进行加工，生产方式方面一直都采取较为简单一些的手工方式，颜色上主要是以红、黄、绿、黑、蓝五种颜色为主。经过许多印刷工人严密工整的精心制作的桃花坞年画受到大家的喜爱，其表现为构图精致、色彩艳丽，形象较为突出，清新俊秀，极富装饰性，非常具有民族艺术风格。

桃花坞木版年画，主要在木板上进行雕刻以后再进行印刷，印刷的时候使用的是传统的方法也就是一版一色；年画的选材主要是以一些传说故事、神像、戏文、事件等，手法上主要采用的是一些比喻象征等，寄托着人们对美好生活的期望，由于桃花坞木版年画构图丰满匀称，色彩艳丽，在印刷的时候主要采取着色与彩套版一起使用的方法，在表现一些较为欢快的气氛的时候色彩多采用紫红色进行表现，辅以套色之后开始制作加工，刻工、颜色及造型等方面都带着浓浓的江南地方特色，清雅精致得让人爱不释手。桃花坞木刻年画主要表现的就是人们喜庆的生活等，像花鸟虫鱼、蔬果粮食、民间故事和一些驱魔避邪的习俗等内容。桃花坞木刻年画的种类也很多，例如：门画、美女画、农田耕作画、装饰画、传说典故画及历史画等，这当中会有一些迷信类的像门神或灶神之类的；还有表现致富的内容比如“一团和气”“娃娃得利”“刘海戏金钱”“岁朝图”……表现农田生活的有“春牛图”、“丰收图”、“鱼樵耕读”、“大庆丰收”等；展现民俗风情的像“玄妙观庙会”、“苏州城内外三百六十行图”等。

桃花坞木版年画在制作的时候分为五道工序：画稿——刻版——印刷——装裱——开相。刻版的时候又分为四道工序：上样——刻版——敲底——修改。而年画艺人的制作工具就是“拳刀”，同时需要配合着使用的工具还有弯凿、扁凿、韭菜边、针凿、修根凿、扦凿、水钵、铁尺、小棕帚等。套色印刷的制作工艺有看版——冲色配胶——选纸上料——摸版——扦纸——印刷——夹水等步骤。

桃花坞木刻年画的选材范围还是很宽泛的，可以谈古也可以论今，可以是只有一张的单篇，也可以是连续成集的，像一些比较常见的《武松打虎》《花果山》《定军山》等，纸张之上透露着浓浓的风土人情，现如今桃花坞木版年画那可是相当珍贵的，被作为了地方史料进行珍藏。这种年画中还有一部分是展现浓厚的爱国主义形象的，比如《法人求和》《刘军门大败法军图》等，这些算是比较早期的一些政治宣传画了。

常州梳篦

在常州有一种木梳特别的吃香，被称作常州梳篦，在当地乃至全国都非常的出名，属于常州的特产木梳或篦箕。梳篦可是古代的八大发饰之一呢，在汉代许慎《说文解字》的书籍当中就描写有相关的诗句：“像栉，梳篦之总名也。”我们知道古人都留有长发，这就需要每天进行梳理头发，因此梳篦就成了必不可少之物，梳篦分作宽齿和密齿的，宽齿梳篦由于齿距较为宽松就被人们用梳理头发时使用，而密齿的梳篦主要是用作去除头发上的污垢，防止头发上生长一些寄生虫，主要在清洁头发时使用。

制篦业最初是在春秋战国时期开始出现的，常州制篦业前后加起来也有 1000 多年的历史了，清朝的时候，一些官员每年都会在常州定制些制作得很精良的梳篦送入皇宫，向皇上谄媚，古代的梳篦一般都是木制或竹制常见，还有一些是用名贵的物料进行制作，一些贵重的材质像金、银、象牙、犀角、水晶、玳瑁、锡、嵌玉镶珠等。如今在北京的故宫还陈列着西太后曾经使用过的象牙梳，可能正是这些原由，常州梳篦还被人们称作宫梳名篦，在过去常州制作的梳篦只能进贡给皇宫内，现如今常州梳篦成了大家的必备生活用具和收藏之物。

关于梳篦还有这样一个故事，据说在春秋时期，有一位官吏名叫陈七子，不小心得罪了朝廷后被关押在大牢之中，过去的牢狱的环境之差是可想而知的，时间久了陈七子头上满是虱子，令人感到奇痒难耐，又一次，狱卒在牢狱之内使用毛竹板把陈七子打得遍体鳞伤，毛竹板最后也被打得碎成了一条一条的，陈七子后来就把这些散落在地上的篦片绑在一起，刮除头上的虱子，而这正是最早的梳篦。后来常州的后人为了纪念制篦业的祖师爷陈七子，每年都会举行一些相关的仪式祭奠他，表示崇敬之意，同时也希望自己的生意越来越旺盛。那时在常州京杭大运河两侧尽是林林总总的制篦作坊，常州的木梳街、篦箕巷的称谓都是源于此因，每到夜幕时分，在月色和波光衬托之下的整条篦箕巷甚是热闹，你可以听得到运河的水声、人来人往的脚步声、橹声、劈竹声等不断的传到你的耳际，这番热闹的景象也被称作常州八景之一，位居首位。

梳篦的制作工序从寻找材料到最终的成品要经过28道工序，一把篦箕的制作工序就更多了，需要大约72道制作工序，这其中有一些特别讲究的工序像雕、描、烫、刻、磨等，很多都必须经过传统工艺方法最终完成，其实制作工序原本是需要73道的，但是传说制篦祖师爷陈七子就是死于73岁，再加上我国民间有句俗语称：七十三，鬼来缠，这个数字实在显得很不吉利，于是后人就把篦箕的程序定为了72道工序。制作梳篦的材料主要有毛竹、木材、兽骨等，这些材料很多都是选取的苏南、浙西等地生长的壮竹，由于那里的壮竹非常的坚硬，而且较有韧性，很是经久耐用；还有一些梳篦的材料选用的是木材，主要是采用像枣木、红木、石楠及黄杨等较为名贵的树种进行制作。尤其是黄杨木料制作的梳篦很是珍贵，也非常的流行，因为黄杨木具有木质细腻，质地非常细腻，纹路清晰的优点。

山东宁阳出土的象牙梳是我国最早被发现的梳篦，专家经过对一些出土的或者是一些传世的梳篦的仔细观察，找出了各个朝代梳篦的差别：汉代出产的梳篦为马蹄形居多，梳篦上的纹饰常见云气等花纹，或者是一些动物的装饰纹路；唐代的梳篦一般都是一些马蹄形状，但下面要宽出一些；宋代的梳篦主要是月牙的形状。梳篦的制作工艺非常的精湛，这种民族技艺的选料较为精良，加之制作过程甚是讲究，因此颇具价值。常州梳篦畅销海内外，而且现代的一些医学数据也已经表明常州梳篦长期使用对缓解头部疼痛、失眠脱发等很有好处，日常还可以提神醒脑，起到保健的辅助功效。

南通蓝印花布

南通是我国蓝印花布的主要产地，较为常见的是土布与天然兰草两种布料，在这里的农村集镇上处处都是花布作坊，南通蓝印花布是我国民间工艺印染品中很重要的一员，这种花布朴素优美，图案印花大多都取材于生活，较常见的像花草树木、飞禽走兽，还有神话故事等，人们主要将这种花布用作制作衣服、床品及包袱布等。由于其图案甚是吉祥喜庆，具有吉祥如意之意，所以在近世300年以来，一直都是我国平民百姓最为喜爱的一种民间布料。

蓝印花布在江南民间很早就已经开始流行了，因此也算得上是较为古老的一种手工印花织物了，蓝印花最早是在秦汉时期开始出现的，真正的兴盛时期要算是唐宋这段商业非常发达的时期了，宋代时期，南通蓝印花布被人们唤作“药斑布”，明代的时候被称作“浇花布”，传说这种布是嘉定一位归姓的人发明出来的。《古今图书集成》一书中曾记载：“药斑布——以布抹灰药而染青，候干，去灰药，则青白相间，有人物、花鸟、诗词各色，充衾幔之用。”

蓝印花布分为蓝地白花和白地蓝花两种类型。蓝地白花布制作起来比较简单，只需一块花版印花就能完成，蓝地白花布看上去图案的纹理往往互不连接，蓝地白花布惯以使用梅、兰、竹、菊等花型。白地蓝花布需要两块花版一起进行套印，分为“花版”（第一遍印）和“盖版”（第二遍印），加了盖版的作用就是可以清楚显现出蓝色花纹，把花版的连接点或者是需留白处进行遮挡，还有一点就是印制白地蓝花时主要采用印花版衬，由于是网状的就不必把花版的纹样进行连接，只需用胶和漆把事先准备好的花版粘在网状物衬上，进行刮印浆料就可以了，当遇到有双面蓝印花布的时候，只需要把正面刮浆先通风晾干，然后就可以在反面再刮上一次浆，这样就能制成双面的蓝印花布了。

南通蓝印花布具有朴素优雅的东方韵味，有着非常迷人的气质，因此它一直都在民间广为使用，在我国的民间艺术当中占有举足轻重的位置。

第三节　在安徽“寻宝”

安徽省是一个跨江近海的内陆省份，境内景象可谓是山河秀美、物产丰富、稻香鱼肥、江河密布。安徽具有非常丰富的民俗文化和源远流长的历史，是一个人杰地灵、历史文化多元的地区，长江流域的安庆文化，使这里充满了历史和浑厚底蕴的气息，同时又带着一种较为蓬勃的朝气。

在安徽淘宝你会感受到无比的满足，这里的民俗宝物让你在惊喜的同时又了解更多的民俗文化，独具风格的芜湖铁画，多种多样的青阳折扇，选料上乘的龙舒贡席，闻名遐迩的宣纸……

宣　纸

安徽出产的一种纸非常的有名，这种纸叫做宣纸，宣纸的真正原产地是在安徽省泾县，宋代时期，来自徽州、池州和宣州等地的造纸业逐渐开始都集中在安徽泾县地区，那时的泾县恰好又属于宣州府管辖范围之内，所以这种纸被唤作“宣纸”，不过也有人把它叫做泾县纸，这种宣纸最大的优点就是：能够方便地进行保存，放多久都不会脆裂，更不会发生褪色之类的现象，因此也被冠以“纸寿千年”的称号。

古代的时候宣纸被人们用作书写或者绘画使用，宣纸起源于唐代时期，后来一直代代相传。关于宣纸的记载，最早在《历代名画记》、《新唐书》书中就有所提及，唐代时开始发展起来，“澄心堂”就是当时宣纸中的珍品，其具有肤如卵膜、坚洁如玉的特点。南唐时期的李煜，就亲自在作坊里监制过当时制作“澄心堂”纸的整个全过程。关于宣纸有这样一个传说：东汉的蔡伦在逝世以后，他的徒弟孔丹为了继承师傅的遗愿，就在皖南这个地方继续造纸，并以之为业，孔丹有一个愿望，他一直在寻找一种造纸的最好材料，想要制成质量最好的纸，安抚师傅在天之灵，表现自己对师傅的无比思念，可是很多年过去了，这个愿望一直都没能实现，终于有一天，在一个小溪边孔丹发现了一棵古老的青檀树，这棵树大概是有些年头了，估计是太多年的日晒水洗的原因，青檀树的树皮呈现出的是腐烂后的白色，甚至还显露出树木的一缕缕纤维来，孔丹如获至宝，赶紧就把这些树皮采集了回去，回家以后孔丹反复的用其进行造纸，经过不断的思考和验证，孔丹成功了，他终于造出了一种质地很好的纸，也就是后来的宣纸，后世的人们为了纪念孔丹，把其中的一种宣纸唤作“四尺丹”。

制作宣纸的主要原料是青檀树皮，青檀树是泾县最为主要的树种之一，后来当地的人发现稻草也能制作洁白的纸浆，于是稻草也被用作了制作宣纸的主要原料，其中泾县的优质沙田长秆籼稻草是最好的造纸原料，这里的稻草比普通的稻草纤维性强一些、不容易腐烂、自然漂白起来相对简单，民间一直传着这样一种说法：“宁要泾县的草，不要铜陵的皮”。到了宋、元时期，原料中开始添加进了楮、桑、竹、麻等，而且需要经过 18 道工序历经一年才可制成。制作过程要经过浸泡——灰掩——蒸煮——漂白——制浆——水捞——加胶——贴洪等。制浆时，常会在纸浆里加入一些杨桃藤汁，由于其含有很多胶质，浆液就会变得更加的均匀，捞出的湿纸叠放起来也很方便，能够提高出纸率。

现在的安徽泾县已经成为宣纸的主要生产基地，宣纸流传至今仍是人们最喜爱的书写纸张，除了泾县外，附近的宣城、太平等地区也生产这种宣纸。

芜湖铁画

芜湖铁画是中国独具风格的工艺品，之前曾被称作“铁花”，在吸取传统国画构图的基础之上，芜湖铁画以低碳钢等位原料，用铁代替笔墨，用锤代替画笔，采用加工金银首饰、剪纸、雕塑等时经常使用的工艺技法，经过道道工序：出稿——剪——砸——烧打——上漆蜡——上框等工序与“打活”、“钻活”等，制成山水人物、花鸟虫鱼、飞禽走兽等各种艺术品。芜湖铁画将民间剪纸、雕刻、镶嵌等各种艺术融为一体，富有情趣。

铁画最早是在明末清初康熙年间发展而来的，当时安徽芜湖有一位叫做汤天池的铁匠工人，想要制作成一幅铁画，于是他和芜湖的一个名叫萧尺木的画家一起开始了这项发明，芜湖铁画是一种纯手工的锻造艺术，借鉴了国画的特色，因此带有落笔有力，冷峭奇俊，画面简洁等艺术特征。到了宋代的时候，铁画的制作开始发展起来，紧接着是北宋，这时铁画开始慢慢盛行起来，到了清代康熙年间的时候，安徽的芜湖铁画已经自成一体，名扬八方，这种芜湖铁画那可是我国工艺美术的一朵奇葩，以锤为笔，以铁为墨的芜湖铁画可谓是鬼斧神工，气韵天成，由于芜湖铁画历史悠久、风格独特、工艺精湛，故一直著称于世。

提到芜湖铁画就不得不提汤天池先生，他制作的铁画主要以山水人物、花鸟树木为主要内容，汤先生制作的铁画最显著的特征就是——半浮雕质感的完整画面，完全是揉铁而成。

它既不是单枝的铁花也不是铁花灯上的铁花，绝对不是依附在一些器皿之上的装饰，因为我们都知道铁花或者是铁花灯上的铁花只可能是一枝枝的花，无论如何也无法构成一幅完整的画，因此在铁花突然出现以后，立刻就受到了众人的喜爱和重视，全国各地无数的人都慕名前来购买，当然汤天池与他的铁画很快就被人们记住了。

芜湖铁画以铁作为原料，经过红炉冶炼，再经锻、钻、抬、压、焊、锉、凿等工艺，不仅夹杂着国画之神韵，同时又展现出雕塑的立体美感，钢铁的柔韧性在此也得到了无尽的发挥，称得上是一种独具风格的艺术。铁画吸取我国的传统国画的艺术手法，融合金银首饰、剪纸、雕塑等技法，采取熟铁作为原料，艺人们锻铁为画，依据画稿的内容将原料放入炉中进行冶炼，继续经过锻打——焊接——钻锉——整形——防锈烘漆，之后以白底相衬，装裱成画。最终的画面保持了铁的本色，不进行涂彩。整体看起来，黑白分明，苍劲凝重，既有国画、水墨画的感觉又有强烈的立体感。

既有国画神韵，又具有雕塑的立体美的铁画，表现出了一种“钢铁柔情”，芜湖铁画以其独特的艺术风格被誉为“中华一绝”。

青阳折扇

安徽的青阳县有家叫做“九华工艺”的厂子，这里生产的青阳折扇非常的有名，甚至受到国外像日本等国人民的喜爱，青阳折扇还有一个名号叫做“九华折扇”，现在，在我国的九华山周边乡镇就是这种折扇的主要生产地，在这些折扇当中，光“佛”字牌系列的产品就达到了数十种，还有像黑面扇、水磨玉骨扇、黑面描金九华山全图扇等很是畅销。青阳折扇曾经采用黑色的折扇上用金粉绘制九华全景，这种扇子一度引起轰动。

公元5世纪的南北朝时代青阳县就已经开始出现折扇，到了北宋时期已经有很多人都开始使用这种折扇了，明代的时候青阳纸扇已然是赫赫有名了，在康熙和乾隆年间这种折扇更是经常被当做进贡朝廷的贡品，深得皇上及官吏们的喜爱。青阳折扇的种类有很多，因为折扇的制作材料和方法各不相同，所以命名也各有不同，扇骨偏多并且比较细的折扇，被唤作春扇或秋扇；一些在扇面上加了香料的，被唤作“香扇”；一些折扇折叠之后小到可以藏在靴子里面，常被大家在旅途中备用，被唤作“靴扇”；有一种折扇用的料子是多色的漏地纱，由于比较薄隔着扇面还能窥人，因此被唤作“瞧郎扇”；一种能够左右打开，同时被制作成了三层扇面，秘密就在最中间的一层扇面上，因为这里常会画上一些春宫图，此类扇子被唤作“三面扇”。另外，由于制作款式常有不同，加之生产产地及制扇人的差别，还分别被唤作“黄扇”、“曹扇”、“潘扇”、“川扇”、“青阳扇”等。

长期以来，青阳折扇之所以一直都很有名气，这也是和其工艺及选料有着很大的关系，在选用材料上青阳人最是追求最好，不断的推陈出新，扇骨的材料就有很多种，有采用玳瑁、象牙、檀香、粽竹、沉香及各种其他木料，工艺种类也各有不同，像螺钿、雕漆、漆上洒金、退光洋漆、镂空边骨的，镂空的折扇还经常被填满异香，再就是折扇骨上也会时常刻有各式的图案，折扇显得非常的奇巧美观，一些扇骨模还讲究形状是燕尾形，扇骨钉铰藏于内里，外表根本无法看出，扇面就更是异常讲究，五色缤纷的、白纸三矾的、洒金的、捶金的等。

现如今，青阳折扇早已成为日常使用、装饰及收藏和馈赠亲朋好友时的一种精美制品。选择折扇的时候，折扇的扇坠也是很有讲究的，扇坠是折扇的一个附属的装饰品，内行的人懂得扇坠的选择也是有讲究的，他们认为以蜜结迦南是最上乘的被排在首位，其次是使用做旧玉制作的一些小饰件，再次就是虎斑贝（也被称作是宝螺）、金丝，而像琥珀、蜜蜡之类材料制作的扇坠是最不讨好的，被归类属于下品。

龙舒贡席

在安徽的一些县城盛产水竹，主要是舒城、怀宁、潜山等县区，因此这里的篾工巧匠也就自然而然的比较多一些，这里生产的龙舒贡席更是名闻遐迩，自古开始这里就被人们称作“竹席之乡”，安徽舒城在古代的时候曾经被称作舒国，由于龙舒贡席产于安徽的舒城，另外也是为了和其他一些地区的竹席进行区别，因此才被称作“舒席”。

根据一些史书的相关记载，在公元1457—1464年的时候，有位吏部尚书叫做秦民悦，他当时把一张编有龙纹的舒席进贡给了皇上，皇上得到这张席子甚是喜爱，龙颜大悦之时就御批舒席了八个字——“顶山奇竹，龙舒贡席”，于是“龙舒贡席”的称谓便是由此而生。

解放后，由于各项技术不断的革新，龙舒贡席原本甚至复杂的制作工艺也得到了进一步的发展，当时出现了一种先进的“席桌编织法”，在这之前，制席时是“盘腿打坐，五心朝天”的形式，在新的技术引导下，当时加上有了机械化，一些聪明的人发明了刮篾机和编席机，那么像破、划、起、杆、撕、刮篾工序等都已经能够使用机械代替人手加工，这些进步都使得人们的劳动强度得到了大大降低，当然了生产数量与质量更是得到了飞速的提高，新品种在这一时期不断的涌现出来，从单一的睡席扩展到了各种各样规格的龙舒贡席。

舒席的制作工艺非常的考究，首先在选用的原料上，匠人们要求使用一些纤维细、拉力强、节平而稀、质地却又甚是柔软的专用水竹才行，其中小叶水竹被称作是最佳的一种选择，而且采伐水竹的时间也受严格的控制，主要是为了防止水竹被虫蛀，时间最好是选在头年的11月到第二年的2月期间，采伐回来还不算完，还必须要仔细进行筛选，去掉一些像风头、罗尾、暴节、伤痕、发丫的都不能要，在制作舒席的过程中前前后后需要15道工序（裁料——开竹——破条——切头——划条——起黄——匀撕——蒸煮——染色——刮篾——绘图——制样——编织——收边——检验），接下来进行编制，这时为了美观还经常要把一些山水人物、花草鱼虫等编织到席子当中，图案也是有要求的，必须要层次分明、浓淡适宜，经过这些繁杂的程序精心地制作而成的龙舒贡席可想而知其艺术性也是极高的。

龙舒贡席这种竹编的工艺品，制作工艺较为传统，属于皖西历史上的一种名特产品。龙舒贡席具有消暑去汗的功效，还具有不腐不蛀，结实耐用，携带方便等优点。20世纪30年代，许多外商想尽各种办法窃取龙舒贡席的制作手艺，想自己生产龙舒贡席，可是并未得逞，原因是舒席的技艺太过复杂，制作起来太过艰难不得不半途而废了。龙舒贡席如今一度畅销于世界各地，享有不错的盛誉。

万安罗盘

万安罗盘是我国一种传统的地学仪器名品，在航海时万安罗盘常被用作辨别方向之用，在民间风水占卜时也常有人使用万安罗盘进行吉位测量，这种传统的著名仪器也被人称作“徽盘”。它是全手工制作而成，安徽省万安镇是万安罗盘的诞生之地，因此才得名万安罗盘。

万安罗盘最初是在元代时期开始出现的，经过明代进一步的技术创新和发展，到清代中叶的时候逐渐进入到了兴盛时期，这些都是有资料可察的，在我国北宋科学家沈括所著的《梦溪笔谈》一书当中，曾经就记录有四种罗盘的图形样式，历史上郑和下西洋也用到了罗盘，采用的是更早期出现的沿海型中国罗盘，显然我国罗盘的历史起源是在宋朝或更早的时期，万安罗盘这种传统工具包括许多种，像航海罗盘、勘舆罗盘和日晷等。罗盘的尺寸有大有小，式样有近百种，精密度也非常的高。“吴鲁衡毓记”罗盘、日晷曾经在巴拿马万国博览会上荣获博览会金奖。

罗盘的制作工艺也是非常精细的，先要把材料选好，通常都会选用一些特等的木料像“虎骨树”之类，把木料锯成罗盘的毛坯，紧接着要把毛坯进行加工磨光，然后在上面挖上一个圆孔用做装磁针使用，在打磨好的盘面上画上一些分格，然后就是刻画和书写，罗盘的书写往往需要参照一些像天干地支、太极阴阳、二十四节气、十二生肖和365天等这些进行有序列的分布，据说还要参照秘藏图谱进行刻画和书写，然后就是给罗盘上油（桐油），最后一步也是较为关键的步骤则是安装磁针，在这一道工序上，制作罗盘的师傅会单独在密室之内进行操作，过程中包括磁化钢针、测定磁针重心及装针等。

万安所生产的罗盘一直被称作最正宗的罗盘，因为万安罗盘不管是从设计上还是选材上都相当的讲究，再加上做工精良、种类也较为齐全，罗盘主要被人们使用在天文地理、军事活动、航海等，有时还用作占卜之用，一些地区的人们在居屋、墓葬选址的时候也会使用罗盘进行测量，这都是罗盘真正发挥作用之时。作为四大发明之一的指南针我们大家都不陌生，万安罗盘事实上就是指南针的延伸发展，它就是在指南针的基础之上进一步的加工改造而成，因此罗盘是一种非常实用的民俗工艺品。

万安罗盘是我们国家唯一的一种罗盘，在北京的历史博物馆里面，现在还保存着一只清朝安徽万安产的木质罗盘，从清末开始安徽万安罗盘就畅销国内外市场，现今，万安罗盘更是海内外游客到安徽必买的旅游纪念品。

第四节　在浙江“寻宝”

浙江虽然是中国面积较小的省份之一，但是人口密度却很大。有人称浙江的文化其实就是典型的“中国东南文化区”，而其中最主要的构成部分还属吴越文化，浙江的文化灿烂，人文荟萃，科技教育也很是发达，名胜古迹更是数不胜数，这里一直被外界称作“文物之邦，旅游之地”。浙江出去打天下的人很多，特别是温州人的足迹可谓是遍布天下，在全国都是相当知名的，浙江人非常善于动脑子，比较相信个人的本领，因此，在浙江你经常会看到手艺高超的师傅，正所谓是能工巧匠。

浙江特产也很丰富，像善琏湖笔、黄杨木雕、双林绫绢、瓯绣……

黄杨木雕

黄杨木雕是一种历史悠久的民间工艺品，其风格甚是淳朴，黄杨木料质地光洁细腻，色彩庄重，用黄杨木为原料取材制作的木雕作品，经过雕刻、上漆之后，乳黄色的木料渐变成姜黄色，逐渐变成橙黄色，时日越久颜色就越深，逐渐就成了红棕色，这种木雕作品古朴典雅且非常珍贵。

黄杨木雕的发源地在温州乐清市，乐清黄杨木雕和东阳木雕及青田石雕，并称“浙江三雕”，乐清黄杨木雕起初主要流行于乐清市，随后逐渐传播到了永嘉、温州、杭州及上海等地。传说，清末时期，浙江乐清县有一位叫做叶承荣的放牛娃，这天，他正在村头的庙里玩耍，刚巧庙内有一个老人正在雕塑佛像，叶承荣被老人的技艺吸引，于是就把牛拴在庙外的树上，挖了一块带黏性的泥巴，躲在庙口，跟着老艺人偷学雕塑，老人是当地很有名的民间艺人，看到叶承荣聪明好学，就收了他做徒弟，亲自教他圆塑、泥塑、上彩、贴金及浮雕等技艺。叶承荣学得很快，一年时间就掌握了这门技艺。一次偶然机会，在乐清县宝台山紫霞观叶承荣正在雕塑佛像，有位道人拿来一根黄杨木，想请叶承荣用黄杨木做材料给自己雕一支发簪，叶承荣顺口答应了下来，他在雕刻发簪的时候，竟然发现黄杨木木质非常坚韧，纹理又细腻，色彩光泽方面也都是其他木质没法比的，实在是一种不错的雕刻好材料。从此以后，叶承荣就开始使用这种黄杨木雕刻各种作品。黄杨木雕由此诞生了。近代温州黄杨木雕的第一件传世作品就是叶承荣在清道光二十年前后所作的太上老君像，从此，叶家的这门手艺开始代代相传。

乐清黄杨木雕主要有三种类型，由于造型理念、技艺及程序都很普通，这些是传统类，通常都是一些单一的人物造型，有部分的群雕或拼雕；第二类是根雕类，这些作品都以天然黄杨木根块作为原材料进行造型；三是劈雕类，这些作品主要把无法用来进行人物雕刻的木块劈开，按照劈裂开后的自然纹理再进行相关立意方面的雕刻，追求顺乎自然，不怎么进行精雕细刻。传统类的雕刻要求材料有人物范型，材型要与所雕刻人物相贴近，依照泥塑构稿——选材取料——敲坯定型——实坯定格等程序一一进行；而根雕则比较灵活，构思的灵活性也很大，不需要进行泥塑构稿，只是一定要注意保持树根所特有的造型意味，劈雕则更注重纹理的造型基础。

黄杨木雕一开始是被作为立体雕刻的工艺品单独出现，主要摆放在案头供人们欣赏之用，如今在北京故宫博物院还保存有元代的“李铁拐”像，明清时期黄杨木雕开始逐渐形成了独立的手工艺术风格，由于较为贴近社会的生动造型，刻画人物的时候又形神兼备，黄杨木雕受到更多人的喜爱，内容题材上多以表现民间神话传说人物为主，像八仙、寿星、观音、关公、弥勒佛等。晚清以后，黄杨木雕圆雕小件受到越来越多收藏者的喜爱，原因是其有着古朴而文雅的色泽、精致又圆润的制作工艺，既适宜把玩又适合摆设等特点，尤其是朱子常的黄杨木雕作品在收藏界更是显得无比珍贵。

瓯　绣

瓯绣，又称作画帘，主要产于浙江瓯江地区。瓯绣也是浙江“三雕一绣”的特种工艺品之一，由于瓯绣常被作为国礼赠送外国友人，因此还有一个“发绣外交”的说法，瓯绣从中国传统刺绣发展而来，是集传统技法之大成，极具生命力。浙江温州是瓯绣的发源地，由于温州位于瓯江之滨，所以当地出产的绣品也被大家称为“瓯绣”。

瓯绣的起源是在1000多年前的唐代锦衣时期，在明清时期开始兴盛起来，清咸丰三年的时候，温州设有许多较为专业的绣铺，这些绣铺主要绣制一些官袍、龙袍、寿屏及庙宇应用的绣品等，所绣的内容以人物、花鸟、山水等为主，之后品种逐渐增多，发展为枕套、被面、衣料等，从光绪年间开始，瓯绣开始销往欧美及南洋各地。

制作瓯绣时匠人一般要先把毛竹刮去表面的青皮，然后将其分层开片，用热水煮熟之后抽丝，将其编织成竹帘，之后在上面用颜料或彩线制成山水、花鸟和人物等图案。瓯绣针法虽多可做工依然十分精细，拿瓯绣《松鹰图》来说，为了绣好一只鹰，用到的针法像扇形针、切针、平针等达十多种之多，而且需要把许多色线搭配起来混合使用，而且色线的颜色、质地和粗细都不一样。经过如此复杂的针法织就的绣品画面更加逼真，绣面看起来更加光亮适目。

瓯绣的品种有上千种，画面一般都是选取山水人物、花草动物等，这些瓯绣作品带有很强的地方风格，瓯绣除了被当做挂屏等一类装饰品之外，还非常的实用，人们常将其用作台布、戏装、床品等。现如今，瓯绣已成为我国出口名绣之一。

萧山花边

萧山花边也被称做“萧山万缕丝”和“万里斯”，其是浙江最为著名的传统手工艺品之一，由于从萧山区出产因此得名萧山花边，萧山花边直接采用线编结而成然后挑绣花边，最初是在欧洲民间刺绣的基础上逐渐发展起来的，逐渐发展成为一种抽纱刺绣，与我国民间的抽纱技艺相互交融，花边工艺由此才发生了巨大的变化，萧山几乎所有的女眷都从事挑绣编织加工，所以萧山地区还获得了一个“花边之乡”的称谓。

萧山花边具有构图紧凑、针法多样的特点，题材方面主要选取自然风景较多，萧山花边对质量要求很高，要求花样必须均匀平整，拼接的缝隙不允许露出针脚，皱褶之处必须经过熨烫整理等，工艺品的概念很宽泛，一般都指的是个人的作品，可是萧山花边却不同，因为它是千百人集体挑织而成的一种独特的工艺品，萧山花边的制作通常会经过 4 道工艺：设计——刷配——挑绣——整烫，近 20 个生产环节才能够完成，萧山花边的种类主要包括两大类：一类是万缕丝（纯棉线制品），一类是镶边（万缕丝和织物绣花结合一起），品种方面一共达到 30 多种，像床罩、台毯、盘垫、茶几垫、沙发套、钢琴罩、披肩、衣裙等，1972 年创作的一种绚丽花边是萧山花边的主要品种，其图案丰满且层次丰富，既显工又显艺，是一种富有新意的轻工花边产品。万缕丝在花边中最为名贵，首先绣工们要经过很长时间精心制作才能完成，其次，在处理图案与花纹两者关系时需要运用多种针法进行完善，最终的成品很是富丽大方。

萧山花边的代表杰作有很多，像北京人民大会堂浙江厅的巨幅万缕丝花边窗帘，杭州机场国宾室的“西湖风景”窗帘，等等，表现出了相当的美丽景色。1972 年，为了迎接美国总统尼克松访华一事，萧山花边厂专门为杭州机场贵宾室定做了一幅大型的西湖全景窗帘，这个窗帘高达 6 米，宽 18 米，用线 12 万支（约 10 公斤），手工挑绣达 3000 多万针，这也使得萧山花边更加的驰名中外，几乎盛极一时，萧山花边还获得了萧山有史以来首个国家质量金质奖，成为北京人民大会堂与国外宫廷专用装饰品；现如今悬挂在北京人民大会堂浙江厅的窗帘，更是反映出桃花盛开、春燕飞翔的一派江南春色，曾经获得了国家金质奖章；萧山花边还多次获得中国工艺美术百花奖金奖，借助区域品牌的优势萧山地区被称作中国花边之都。

现如今，萧山花边凭借更为严密的构图、精湛的技艺、多样的工针、结实精致的特点广受人们的喜爱，产品远销海内外 60 多个国家与地区。

双林绫绢

双林绫绢在我国丝织品行业当中占有很重要的位置，其发源地就在湖州的双林镇，这种双林绫绢非常的薄，轻如晨雾一般，质地也非常的柔软，一直被誉称为“丝织工艺之花”。三国时期（220—280 年）双林绫绢就已经开始生产，由于那时候的湖州属于东吴，故又获得“吴绫蜀锦”的美称，绫绢在我国传统的丝织品绫罗绸缎之中居于首位。

双林附近曾经挖掘出过新石器时代的绢片，经专家考证，双林绫绢由来已久，大约有4700多年的历史了。位于湖州城东部约30公里处的双林镇，在杭、嘉、湖之间的水网地带，因此气候比较湿润，这里历来一直盛产蚕蛹，因此缫丝业与生产绫绢的一些家庭手工业也非常的发达，使得双林镇成了中国著名的绫绢产地，湖州市双林绫绢，一直以其薄如蝉翼、质地柔软著称，由于绫绢是用纯桑蚕丝织制而成的，因此又被称作“凤羽”，绫与绢合称为绫绢，花的一般为绫，素一些的为绢，绫主要用做装裱书画使用，而绢可以代替纸书写绘画，一些较为名贵的字画，经过绫绢的装裱以后，立刻就会显得整齐又悦目，更加彰显出书画作品的艺术特质，非常的富有情致，显得更加的尊贵。

双林绫绢有14个品种，如重花绫、轻花、阔锦绫、阔花绫、工艺绝缘纺、双色花绫、矾绢、画绢、宋锦等，花色方面有70多个，像竹菊、云鹤、冰梅、双凤、带子凤、锦龙、麒麟等。

如今双林绫绢在海内外早已声名显赫，国内一些著名的书画艺馆，北京荣宝斋、上海朵云轩、苏州民间工艺厂、杭州西泠印社等都对双林绫绢的工艺盛赞不已，北京荣宝斋称双林绫绢：新颖的花色、图案大方，非常适合装裱历史人物之用。

善琏湖笔

善琏湖笔是浙江湖州善琏镇当地特产的一种毛笔，曾经被冠以“毛颖之技甲天下”之美称，作为一种传统的书画工艺品，善琏湖笔以其精湛的制作工艺始终位居文房四宝（湖笔、徽墨、端砚、宣纸）之首位，被称作“笔中之王”。

湖州市的善琏镇是善琏湖笔的发源地，2000多年前善琏镇就有了制笔的历史，在许多的古籍中都有相关的记载，明孝宗弘治年间的《弘治湖州府志》一书中记载着：“湖州出笔，工遍海内，制笔者皆湖人，其地名善琏村，村有含山，山颠浮屠，其卓如笔。”据说，在战国的时候，毛笔的制作是用的兔毛，那时的笔头是被扎在笔杆的外面的，从秦代以后，笔毛才开始被纳入竹管之内，同时制笔的材料也作了相应的改进，除了兔毛，还大量地采用鹿毛与羊毛等原料，这两种毛的硬度不同，制作成笔头的时候，其刚柔相济非常适合进行书写，据传这种改进是一位叫做蒙恬的人首创的，因此蒙恬被后人奉为笔祖，前文我们提到过北京琉璃厂戴月轩百年笔店，店中现今还挂着“蒙氏遗风”字样的匾额。清末，在浙江湖州这块土地上，聚集了全国各地的笔匠，他们在此经营起了湖笔生意，到如今还流传着许许多多有关湖笔的传奇故事，据传隋朝著名书法家智永禅师（王羲之的七世孙）云游至湖州以后，在永欣寺一住就是 30 年，期间一边临书一边与当地的笔工不断地切磋技艺，在蒙公祠旁的“晓园”，如今还留有他亲笔题写的“退笔冢”。智永圆寂的时候是抱笔而终的，智永在湖州 30 年人气很高，各方的文人墨客争相前来拜访，求书道、觅湖笔，几乎把永欣寺的门槛都踏损了，最后门槛上还包上了铁皮，而这正是“铁门槛”的著名典故。

湖笔的选料非常的精细，制作工艺也非常的精湛，其特点是：尖、齐、圆、健，善琏湖笔被称作笔颖之冠，其制作工艺非常的繁杂，从选料到最终成品，需要通过 120 多道工序才能完成，大体上分为两部分：水盆工和旱作工。做水盆工的时候，笔工们要分别守在一个个水盆旁边，逐一把千万根毛放进水里面，经过精练细理，按笔头锋颖的长短分别归类，这个过程就是“齐毫”，像断头的、无锋的、曲而不直的、扁而不圆的杂毛等都是要被剔除不要的，接下来按毛的软硬性能对笔头进行“造型”，这时半成品就制成了；然后需要继续进行扎头、装笔、择笔、刻字一些工序，这才算是大功告成了，在择笔时笔工需要一手握笔，一手拿小刀不断地修整笔头，笔头当中不允许存在任何的劣质毛和杂毛，一直修剪到笔锋圆润，笔尖要齐、圆、健，才算达到湖笔的要求，笔工们才会善罢甘休。湖笔中最有名的笔要算“玉兰蕊”、“兰亭散”、“右军书法”、“翠亨春”这些了，这些高档的湖笔是湖笔中的极品，其笔杆都是采用的红木、湘妃竹、白瓷或象牙制成的。现如今当你去湖州湖笔博物馆，就可以欣赏到湖州王一品斋笔庄等一些百年老店制造的精美湖笔。

第五节　在福建“寻宝”

福建在我国的东南沿海地区，历史悠久，科学文化一度很是兴盛，据历史记载，曾经具有“海上丝绸之路”的称谓，是重要文化发源地，这里是较为繁华的商贸集散地，福州、厦门一直都被称作是全国五口通商口岸之一。

福建曾经入选了中国世界纪录协会的世界之最，这里的中国之最的项目有很多，像我国最早出现烧制瓷器的阶级窑——福建泉州市德化县在分室龙窑基础上发展起来的阶级窑。福建的特产宝物还有像漳州木偶、福州脱胎漆器、寿山石雕、平潭贝雕、漆线雕……

漳州木偶

在木偶戏道具制作当中，木偶的整体造型包括木偶头、四肢、服装及帽子等，尤其是木偶头的造型属于艺术品的范畴，需要特殊的雕刻手艺才可以完成，漳州木偶头雕刻只包括木偶的头部造型，属于漳州地区非常著名的一种手工艺品。

晋朝时漳州木偶雕刻就开始兴起，唐朝开始兴盛起来，主要出现在福建漳州和厦门、泉州一带，到现在已经约有2000年的历史了，新中国成立以后，美术工艺部门专门收藏了民间艺人徐年松与许盛芳的木偶作品，徐年松雕刻的作品多次参加全国工艺美术展览，他创作的木偶头个性鲜明，人物性格突出，一度在文化美术界掀起阵阵风潮，之后，徐年松将这门手艺又传给了儿子徐竹初，徐竹初并没有只是停留在原有的技艺之上，他经过不断的创新，创作出了更多更新的艺术作品，并相继参加了多个国家不同规模的工艺品展出，漳州木偶很快被外界所知晓，一时间名声大振，受到一致好评，现如今，在漳州“竹初木偶艺术馆”内还陈列着徐竹初当年创作的众多木偶头代表作品。

漳州木偶采用樟木作为原材料，经过艺人的精雕细琢而制成，仅造型就有400多种，既有传统戏剧中的一些知名角色生、旦、净、末、丑，又有天神魔怪、仙道佛释等形象，漳州木偶的造型非常的严谨，保留有唐宋的绘画风格，经过精心的雕刻，精致的彩绘，着色较为稳重，人物性格非常的鲜明，夸张又合理，带有浓郁的地方特色，木偶头基本造型种类繁多，漳州木偶最重要就是木偶头的雕刻，艺人在雕刻木偶头的时候注重五形与五骨。而木偶头主要是木偶脸的雕刻，漳州艺人在雕刻的时候，会根据角色的外形、性格、身份、经历和气质等进行构思，创作出人物形形色色的五官，随后利用造型、线条、色彩等增添神韵，木头人仿佛也活了起来，像刻画出的嘴尖刻薄之媒婆，翘髻角目之老丑，慈眉善目的老者，唇厚面肉坠的憨汉等。漳州木偶雕刻讲究细致的刀功，甚至从原材料的选择上，樟木的材质，涂料的颜色一概不能马虎，想要成功雕刻出一件作品不花两三天时间那是不可能的，想要通过表情刻画把人物独特的内心世界表现出来，花费的时间就要更长一些才行，而一些秘制的涂料也是关键的一环，一件作品的每种色彩都需要涂上数十遍才行，这样的话，才能保证制作完成的木偶头不会发生掉色与变形。木偶头用作戏剧舞台上使用的话，雕刻时更看重的是如何更好地展现人物的性格特征，漳州艺人会通过丰富的表情、夸张的造型、类型化的处理方式等进行刻画，而这也正是漳州木偶头雕刻最普遍的一个特征，漳州木偶的雕刻一直都是师徒相承，家族内部代代相传为主，一直流传至今。

漳州木偶头不仅能够在舞台演出时作为人物造型出现，生活中也能将其当做玩具或工艺品进行收藏，早在20世纪50年代时漳州木偶就已经名扬海内外，如今，漳州木偶雕刻更是曾多次被当做国礼赠送于来华的一些国际友人，哪位朋友想要购买漳州木偶的话，可以到位于市区延安路花园大厦的徐竹初木偶雕刻艺术馆转一转，一定会有收获的。

福州脱胎漆器

福州脱胎漆器在工艺美术品界可是一件不可多得的珍品，其承载的是当地浓郁的地方色彩和民族风格，福州脱胎漆器是中国传统工艺的“三宝”之一，另外两宝是：北京的景泰蓝、江西的景德镇瓷器。福州脱胎漆器曾多次参加国际博览会，多次荣获特等金牌奖、头等金牌奖及最优奖等荣誉，获得“珍贵黑宝石”和“东方珍品”等美称。

福州脱胎漆器大约有18大类1200多种，它是在漆文化基础上逐渐发展而来的，形体较大一些的像：漆画屏风、仿古铜大狮、彩绘花瓶等，形体较小的像烟具、茶具、碗、碟等。福州脱胎漆器造型较为别致，而且既坚固又轻巧，样式也甚为多样化，这些都赋予其一种特殊的艺术魅力，郭沫若先生就称赞福州脱胎漆器集众美于一身。提起脱胎漆器，就不得不提到“沈绍安”的名字，如今在福州工艺美术界，“沈绍安”三个字几乎就是脱胎漆器的代表，沈绍安就是福州脱胎漆器的首创者，沈绍安（1767—1835年）是清代乾隆年间福州府侯官县（今福州市）漆艺人，他创新出新型的漆工艺，是源于一块用旧了的匾额，他尝试着想把这块旧的匾额进行“还原”，想使其焕然一新，经过对匾额材料成分不断的分析，他努力将“夹纻”（一种漆塑像的方法）技法进行还原，通过多次实验，在手法、材料等方面时时创新，终于让他找到了更新的一种漆工艺。

福州脱胎漆器在制作上非常的不易，其结合了脱胎技艺与髹漆艺术两者的技术结晶，而且从选料开始一直到漆器成品，都要经过几十至上百道工序。由于工艺复杂，制作与阴干都相当的费时，因此一件漆器往往都需要数月的时间才能制成，制成的成品还需要在密闭的阴室里阴干很久才行。福州脱胎漆器在我国传统漆色的基础上进行创新，为了使漆色更加鲜艳，特意增加了像蓝、绿、褐等颜色调亮，调和料里掺上用真金、真银碾制而成的金粉、银粉等，为的是解决普通漆色干了之后变黑等弊端，这种方法漆完之后的福州脱胎漆器颜色更持久，有些漆器匠人为了追求更加精美的效果，甚至会采用刻银丝、金丝及镶嵌等使其尽善尽美。制作完成的福州脱胎漆器看起来色彩瑰丽，具有光亮如镜的美感，尤其是丰富多彩的髹饰让人们对其爱不释手。

新中国成立以后，福州脱胎漆器还陆续发展出了更多的技法，像堆漆浮雕、宝石闪光、沉花、雕漆、变涂、仿彩窑变、仿青铜等，与髹漆技艺相结合的技艺使得漆器的表面装饰显得琳琅满目。福州脱胎漆器凭借其特殊的制作工艺、高超的髹漆技艺深受人们的喜爱。

寿山石雕

寿山石雕与脱胎漆器、软木画合称为福州的“榕城三绝”。寿山石雕作为一种传统的民间雕刻艺术，主要采取福州的一种寿山石作为雕刻原料，雕刻者在选材的时候很是看重石头的造型，选好石材以后匠人们会运用各种特殊技艺将其进行加工，使之成为一些造型精美的石雕摆件作品，在福州常有“一相抵九工”之说法，在福州市晋安区鼓山、岳峰镇、象园、王庄街道和寿山乡等处一直流传着这种技艺。

迄今为止寿山石雕刻品的出现已经有1500年的历史，寿山石矿最早开采于南宋时期，后来经过几个朝代的慢慢发展，才形成具有一定规模的寿山石雕产业。据说清圣祖等皇帝所使用的宝玺都是用的寿山石制作的，在寿山石当中田黄石料的身价是最高的，当地有这样一句俗语“一两田黄三两金”。在清朝时期，寿山石雕已经发展为极具特色的技艺，当时就出现了两大流派：东门和西门。其中以林谦培、林元珠等人为代表的东门派，比较擅长进行有关人物、山水、动物的圆雕技艺，以潘玉茂、潘玉泉为代表的西门派，采用的主要是从传统的印钮技法中提炼而出的一些带有中国画特色的薄意技法。这之后又出现了以林清卿的薄意雕刻为主的时代，寿山石雕再一次进入了更高的境界。现在寿山逐渐得到进一步的提升，寿山石雕的主要传承人，以西门派为主的有林文举、刘爱珠、江依霖、王洧华等人，东门派的有郭功森、林元康、郭懋介、林炳生、林发述等人。

寿山石雕经过不断的发展，不断地吸取各家技艺之所长，比如将中国画与民间技艺进行有效的整合，致使自身种类更加丰富，雕刻手法日趋圆熟，这其中的技法主要包括像薄意雕、圆雕、印钮雕、浅浮雕、镂空雕、高浮雕、链雕、镶嵌雕、篆刻和微雕等。其材方面主要选取山水人物、花鸟动物，依照石形石色进行雕刻加工，力求达到一种“天工合一”的完美境界。

寿山石雕在我国的传统工艺品领域一直占有绝对的优势，其追求既雕既琢，提倡返璞归真的艺术做派，也使得寿山石雕之艺术魅力万年长青一直以来受到社会各界人士的喜爱。

平潭贝雕

平潭贝雕是采用贝壳为原料的一种工艺美术品，福州平潭县有着得天独厚的贝壳资源，平潭贝雕是平潭县著名的特产，贝雕艺人把具有不同颜色、纹路和形状的贝壳收集起来，将其经过打磨、雕刻等粘制成极具艺术构思的精美工艺品，整件贝雕作品将贝壳的自然美与雕刻技法完美融合，展现出一种带有国画意蕴的美感，颇具格调和艺术品位。这些贝雕作品多次参加国内外的艺术品展出，受到各国人们的热烈欢迎。

5万年前，山顶洞人常把贝壳穿成串链戴在身上，在5000—6000年前的时候，我国沿海地区及附近的一些岛屿，生活着许许多多的原始人群，他们依靠海洋生活，因此在他们的住处到处都能见到像海螺、蛤蜊、玉螺、长蛎、鲍鱼等贝类的化石，这些堆积在一起的贝壳上很多都有一些人为的钻孔，显然是曾经被当做装饰品之用，在1987年挖掘出的河南濮阳西水坡墓葬当中，考古专家在巫觋的墓地当中找到了一组用蚌壳进行摆塑而成的动物形象，这就更加验证了这一说法。据历史记载，在商代到秦代的时期，贝壳还曾经被穿在一起当做钱币使用，这种贝壳当时被称作贝币。春秋战国的时候，贝壳的装饰作用进一步得到体现，这时出现了用贝壳制作的臂饰、腰饰、项链及马饰、车饰等，当时的许多将士都喜欢将贝壳穿上红绳戴在身上，据说是能够增强士气，带有保平安之意。到了秦汉时期，人们喜欢把贝壳镶嵌在镜子、铜器、桌椅和屏风上作为点缀，被称作“螺甸”，随着这一时期冶炼技艺的创新，一些艺人还选取一些贝壳不断进行打磨直至成为平整的薄片，在上面采取雕刻的手法绘制一些鸟兽等图纹，这种工艺一直保留至今。宋、元前后，中国民间的螺钿镶嵌与贝贴等工艺甚是流行，品种也越来越多，出现了很多的陈设品，有各种人物、动物、花卉、挂屏等，还有运用于生活中的各种文具、烟具、台灯等。

平潭盛产色彩斑斓的贝、螺、蚌、蛤等海产品，形态各异的贝壳就成了生产贝雕的一种优质原料，平潭贝雕艺人采用各种工艺手法，像拼贴法、浮堆法、坯模法、支撑法、镶嵌法和镂空透雕法等，创新制作出5大类（立体圆雕、浮雕贝画、嵌贝漆器、嵌贝盒子和贝雕花插五大类）200多个品种的平潭贝雕，像贝壳堆画、立体圆锥、嵌贝漆器、嵌贝盒子和花插等，其中既有刻画人物与动物形象的，还有描绘花草与山水的，个个多彩多姿又惟妙惟肖，平潭贝雕的主要特色就是：立体、小巧、实用。

贝雕工艺品的制作比较复杂，贝雕在最初的时候讲求因材施艺，所谓“材”，就是天然提供的材料，能够依势取形，采用堆、叠、联、粘等方法，进而制成贝雕成品，贝雕艺人对贝壳的运用也相当的灵活多变：带有螺纹的贝壳大多被制作成仕女的发髻；根据江瑶贝、银壳贝的形状将其制作成树叶；至于红色的海螺、鸡心螺则被制成枫叶；内层为紫色的一些贝壳常被用来制作葡萄之用；有瘢痕的贝壳也能被利用其特点制作成树木的躯干等；一些带有层叠纹理的贝壳被用作表现衣裙，有时甚至会将贝壳染色，在国画当中你能找到多少种的表现形式与构图的话，你就可以在平潭贝雕中找到多少种的贝雕画，制作完成的部分贝雕作品被加以镶框装裱，显得甚是华美珍贵，天然贝壳制成的图画永不褪色，可以长久的保存，经过精心制作的贝雕工艺品还会配上一些底座进行衬托，这些贝雕作品具有绝对的艺术观赏价值，只是贝雕的制作往往需要投入大量的人力物力才能完成，比如一件几十斤重的贝雕画，消耗掉的制作原料有时甚至会达到一两吨，并且还要经过两三个月的精雕细凿才可以见到成品。

平潭县的工匠们不断对贝雕工艺品进行创新，如今平潭贝雕已经是福州十邑工艺美术领域独树一帜的一种艺术珍宝了，解放后，各地的贝雕工人在继承传统工艺的基础上，逐渐开始侧重吸收牙雕、玉雕、木雕和国画等众家之长，并且结合螺钿镶嵌工艺的一些特点，研究成功更多的浮雕形式的贝雕画及许多的实用工艺品，掀开了贝雕工艺史上崭新的一页，产品开始大量的出口创汇，成为畅销国内外市场的一种特殊产品。

厦门漆线雕

漆线雕是厦门著名的特产，带有浓郁的民间特色，漆线雕被应用在佛像装饰上，被人们称作“装佛”，约在几百年前的时候，漆线雕像就已经享誉中外，畅销至东南亚各个国家，漆线雕主要是采用工艺精细的漆线在瓷器等表面进行缠绕装饰，使器物的表面显现出极具金碧辉煌的图案形象，可以是人物，也可以选取民间传统等作为题材，较常见的有麒麟、龙凤、缠枝莲、云水等，其带有本土、民族的一种最基本内涵。

漆线雕的历史较为久远，据说源于唐代彩塑的兴起，在旧时，漆线雕大多用在木本、漆篮和戏剧道具等方面。现如今，漆线雕技术经过不断的创新和发展更多的被使用在装饰盘、瓶、罐等瓷器和玻璃器皿。厦门工艺美术厂还对漆线雕与陶瓷的技艺两者不断进行融合，使其相辅相成，生产出了更为精美的各类线条陶艺作品，这些作品多次参加国内外的工艺展屡屡获奖，深得日本等国人民的喜爱，一些较为小件的漆线雕工艺品，由于经过一些锦盒的包装之后便于携带，因此，越来越多的人都将漆线雕工艺品当做旅游纪念、馈赠亲友的一种珍贵礼品。

漆线雕的制作工艺比较复杂，全部需要纯手工进行制作，工序也从早先简单的工艺发展到现在十几道的工艺，制作漆线雕非常的消耗时间，仅一件产品的制作时间就需要耗费好几个月的时间，漆线雕作品件件雅致细腻、形象逼真、风格古朴，每件产品都各有特点。漆线雕技艺将雕塑和漆线装饰作为重点。“漆线土”的制作通常以陈年砖粉与大漆、熟桐油等进行调和制作而成，漆线工人再手工将漆线土搓成“漆线”，最后在上有底漆的坯体之上用“漆线”进行盘、绕，雕出精致且浮凸的纹样和图形，这种独特的技艺仅厦门当地才有，漆线雕是厦门地区民间艺术的一大特色。

我们国家非常重视非物质文化遗产的保护，2006 年 5 月 20 日，厦门漆线雕的技艺被国务院列入第一批国家级非物质文化遗产名录；2007 年 6 月 5 日，厦门市的蔡水况被国家文化部确定为该文化遗产项目代表性传承人，被列入传承人名单。如今，漆线雕工艺品早已成为国内外人士进行收藏的绝佳礼品。

第六节 在上海“寻宝”

上海处在我国大陆海岸线中部的长江口位置，是一座非常繁华的大都市，上海曾经创造和打破了中国世界纪录协会的多项世界之最、多项中国之最，这里也是很多人想要到达的旅游目的地之一，因为这座城市实在有着太多的近代城市文化魅力与众多的历史古迹，现在的上海就是闪耀全球的一座国际化大都市，并一直致力于建设成为国际金融中心与航运中心。

当你穿梭于上海这座繁华的大都市当中，你既可以领略到上海的时尚气息，也可以感受到这座美丽城市的文化底蕴，像上海的顾绣、嘉定竹刻这可都是带着上海印记的民俗宝物。

顾 绣

“顾绣”又被叫做“露香园顾绣”，顾绣起源于明代松江（现上海市）地区，当时有一顾氏家族，顾名世当时是松江府的进士，晚年的时候他在上海建了一座林园自己居住，这座林园取名为“露香园”，顾氏的后裔非常喜欢刺绣的手艺，由于手艺娴熟，技法高超，其织就的绣品也是精美又典雅，他们还喜好将这些绣品馈赠亲朋好友，人们将他们织造的这些绣品称作“顾绣”。“顾绣”一直以来都有“画绣”的美称，是中国织绣工艺中不可多得的一朵奇葩。

顾绣是在明代时期出现的，这时的绣品在题材上主要参考宋元时期的名画作品，作品看起来具有别样的韵味，尤其是绣品上的人物神态逼真，有呼之欲出之感。其间先后出现了一些“顾绣”名手：像缪氏、韩希孟和顾兰玉等，在这些“顾绣”名手当中最具代表性的要属顾名世的孙媳——韩希孟，三人当中她的艺术素养最高，她认为刺绣不应该只用作衣裙的装饰，应该具备更为独特一些的风格才对。后来，韩希孟的顾绣手法不断得到发扬，精湛的技艺更加确立了“顾绣”的地位，后人更是将韩希孟时期的顾绣作品视作珍品，具有深厚的文化艺术内涵的顾绣被各大博物馆进行收藏，传说，顾氏家族的绣法技巧是在皇宫大内学到的，顾绣所采用的丝线比头发还要纤细，顾绣的特征就是：做工精细、技法多变，绣品所绘制的山水人物、花鸟虫鱼具有精细无比、栩栩如生的特点。因此一直受到人们的广泛推崇。

顾绣针法样式很多，色彩也非常的丰富，质地大多都采用软缎、绸料及特丽纶、尼龙或者的确良等材质，顾绣具有半绣半绘，画绣结合的独到刺绣技法，主要以宋元时期名画中的山水、花鸟、人物等杰作作为临摹范本，比如拿顾绣作品“群仙祝寿图轴”来说，画中人物身上所穿的衣服，需要先染上底色再进行刺绣，人物面部则是先绣再画，云雾一类用画笔直接描绘就行，几种形式的自由结合构成了一种新的刺绣技法，画中的山水或者人物也看起来更加的形象贴切。

“顾绣”从最初的时候就与苏、粤、湘、蜀四大名绣有一定的区别，它专绣一些著名的书画作品，这也使其成为一种较为独特的艺术，其将宋绣的针法与国画笔法互相融合，以针代笔进行勾画晕染，刺绣作品得到许多人的喜爱，除了传统画绣挂幅以外，顾绣产品形式还有很多品种，像台布、枕套、睡衣、浴衣、被面、围巾等。

嘉定竹刻

嘉定竹刻是一种传统的雕刻艺术品，上海嘉定的竹刻具有悠久的历史，作为民间雕刻艺术的一种就像是一颗明珠镶嵌在历史长河之中，嘉定竹刻选取竹子要求竹身挺拔、质地坚韧、色体优雅，这样制作出来的竹刻作品更加精美，竹历来都是文人雅士最喜吟诵的一种题材，后世的许多文人也甚是偏爱嘉定竹刻，称其具有一种高尚的德行。

嘉定竹刻这种传统技艺兴起于明朝时期，当时江南竹刻手工艺品已经发展的颇为成熟，主要有金陵和嘉定两大流派，其中嘉定派略胜金陵派一筹，嘉定县城真正成为竹刻工艺的中心是在清代，嘉定县城有位叫做朱松邻的人，其早年就酷爱吟诗作画，后来在江南竹刻的基础上勇于创新，成为嘉定派的创始人，之后朱小松（朱松邻的儿子），朱三松（朱松邻的孙子）继承此业，经过祖孙三代的技术更迭，此时的竹刻已经达到了精妙绝伦的境界，此后，嘉定竹刻更是名家辈出，嘉定竹刻名气越来越响。明正德、嘉靖年间，有一位叫朱鹤的艺人创新出以深刻为特点的嘉定竹刻，其以刀代笔，以竹当纸，将雕镂玉石的技法与书画之法互相融合在刻竹当中，其子朱缨，书画全能，刻竹师承家法，有出蓝之誉，所刻古仙佛像，可与吴道子的画媲美，朱鹤的孙子朱稚征善于画远山淡石，尤擅长画驴，刻竹的技艺更是高出父祖许多，嘉定竹刻传到这一代已经声名愈盛，想要学习此技艺的人也越来越多，从此嘉定竹刻更加的名闻遐迩。清乾隆年间，嘉定竹刻遵循材料进行造型，随类赋色等艺术准则，很多作品达到了出神入化、得物之趣的境界，这期间出现了许多的名家，尤其要提到一位叫周颢，他被称作是200余年以来嘉定竹刻里面独辟蹊径的一位大师，他刻画的山水竹石完全掌控了宋人名家的精髓所在，被称作珍品。清道光年之后，嘉定竹刻方才逐渐衰落，这时雕刻名家越来越少，只有被称作时家后裔的较为著名，后期出现一家竹刻店叫做“新篁馆”，由竹刻艺人张伟忠创立，生意尚且兴旺，于是嘉定竹刻才得以重放异彩。

嘉定竹刻艺人都是以刀代笔，这也是它的主要特点，嘉定竹刻的刀法与各地不同，具有相当的独特之处。在创作的时候把书、画、诗、文、印等多艺术相互融合，赋予了竹子新的生命，竹刻作品也因此才被赋予一股书卷之气和绝佳的品位，其不俗的风雅气质，成为历代文人墨客的最爱。嘉定竹刻主要考虑到的就是适合文人的口味，品种方面主要以竹筒和竹片制成的笔筒、臂搁、香筒、插屏、抱对等为主，还有一些是把竹根刻成一些山水人物和草木走兽等。制作的技法有十余种之多，包括浅刻、深刻、薄地阳文、浅浮雕、深浮雕、透雕、圆刻等。

嘉定竹刻明显的地域风格与原创性都决定了其审美价值将会远远超过本身的实用价值。

淘宝中国

To Search rare treasure in China

第四章 宝满华南

华南地区处在我们国家的最南端，作为我国经济的前沿，犹如一个向外敞开的窗口，华南地区的自然条件优越，拥有丰富的土地及旅游资源，具有成熟的工业与商业基础。

华南地区走在改革开放的前端，也较早地汇入了全球化的经济大潮当中，改革开放也为华南经济注入了前进的动力，特别是邓小平南巡以后，经济发展进入了一个高峰期，从此华南进入高速发展的阶段，现在这里俨然已经成了我国最具活力与竞争力的地区，特别是广东省发展得最快，据统计连续23年都领跑在中国经济的最前头。

地处华南的广东省气候较为潮湿。这个地区给人印象最深的就是当地人吃的很“野”，像蛇、鼠、猴、虫等，似乎什么都敢吃，也许正是这种野性，使得这里的人与其他地区中规中矩的人相比较更加的精力充沛，具有创造力。近代以后，鸦片战争、戊戌变法、北伐战争一直到改革开放，许多具有深远影响的历史事件都是由这里开启的，因此这里的人讲“本事”，也使得此地能人辈出。这里既有大都市的显著特点，又充满了岭南的风光。至于广西，不用多说，这里是众多少数民族的聚集之地，民俗宝物更是数不胜数，甲于天下的桂林山水，着实让人流连忘返。

另外值得一提的就是海南了，海南可是我国著名的热带岛屿，优美的自然风光造就了其丰富的旅游资源，成了游客观光旅游的绝佳胜地。千百年来，这座岛上古朴独特的民族风情更加为该岛的整个社会风貌添姿添彩，在这里能够寻得到的宝物当属最具民俗特色的物件了，接下来我们一起看一看在华南地区都有哪些民俗宝物吧。

第一节 在广东“寻宝”

广东是我国南部沿海的一个地区，广东人很有个性，当地的风俗文化更是独特，和我国北方地区之间存在着很大的差异，如今广东 GDP 值在全国已经名列前茅，成为我国经济最为发达、文化较为开放的地区，广东也是一个有着悠久历史并且独具特色的地区。

广东的特产宝物有很多，像粤绣、广彩、麦秆贴画、端砚、金漆木雕、织金彩瓷、象牙雕刻……

粤 绣

粤绣，是我国四大明绣之一，是产于广东地区的手工丝线刺绣，刺绣品主要包括“广绣”与“潮绣”，故宫有许多的粤绣藏品。粤绣多以繁茂的图案、热烈的场面、富丽的用色、强烈的对比、大红大绿的布局而著称，粤绣的布局较为热闹和紧凑，鲜少见到空隙，即使有也被山水草地等填满了，还有一点就是粤绣的绣工多为男工，因为绣制大件的绣品时，绣工们需要拿着长针站着进行刺绣。

传说粤绣最早是从少数民族兴起的，后来才传到广东，明朝时粤绣已经发展成为极具特色的一种绣品，清光绪年间，粤绣经海关出口价为50万两白银；广绣最早是广州、番禺、顺德等地兴起的，其与潮州刺绣都被称为粤绣，陈少芳是著名的广绣大师，我国广绣的奠基人，她现年已经70多岁高龄，曾经在广州美院学过4年国画学，之后在广州一家工艺美术研究所工作的陈少芳与广绣结缘，经过对广绣艺术的不断的融会创新，花费了多年心血，创新的“陈氏广绣”蜚声海内外，为广绣的发展创新做出了巨大的贡献。

粤绣是很有特色的一种绣品，品种多且丰富，经常被人们用作床楣、枕套、被面、台帷、绣服、披巾、鞋帽、戏衣、挂幛、条幅、镜屏等。粤绣的用线比较多样化，除了常见的丝线与绒线以外，有时也会采用孔雀毛或马尾绒作线。其针法也相当的丰富，针线从针起针落、用力的轻重缓急、用针的走向、排列的疏密程度、丝结卷曲的形态等因素都可以被用来进行强化图像形态之用。粤绣的针法分为3大类45种，在绣制的时候，需要根据设计意图及物像的形状、质感与神态，将各种针法巧妙地相互进行配合与转换，以求能够达到较好的整体艺术效果。粤绣较为传统的技法就是金银线绣（也叫钉金绣），此种绣法针法复杂，尤其是潮州金银线垫绣是最有特点的一种绣法，金银线垫绣事实上就是在处理一些隆起部分时，为了使其保持外观整齐平滑，采用粗一些的丝线进行层层叠绣，最后才开始进行全局的施绣，有时绣工也会用棉絮进行垫底后继续施绣。采用金银线互相垫绣的手法，常见于绣制一些龙时使用，能够充分地表现其灵动的躯体及会发光的鳞片，绣品看起来才会显得更加具有质感。

有人说每当欣赏粤绣这种带有浓郁岭南风味的绣品时，就像是在触摸着广州这座古城的历史脉博一样，这种绣品深厚的历史文化的底蕴使得无数人对之痴迷不已，每年前往这里旅游的人数不胜数，前来购买粤绣的人也是络绎不绝。

广　彩

广州釉上彩瓷艺术被称作广彩，这是一种广州烧制的织金彩瓷，采用的技法是低温釉上彩装饰，也被称做“广东彩”或“广州织金彩瓷”。广彩以其构图紧密、金碧辉煌、色彩艳丽等特征受到世人的追捧。

明代时期逐渐出现了彩瓷艺术；到了清代，彩瓷艺术得到进一步发展，原来的三彩发展成了五彩，彩瓷艺术发展迅速，这时的彩瓷艺术开始形成了较为独特的风格，清代道光至光绪年间，广彩技艺的发展甚是兴盛，这一时期广彩变得更具特色，成功的将传统的工艺手法与欧美等国外的艺术精华融为一体。清康熙年间广州制作广彩的工匠就已经从西方“金胎烧珐琅”彩瓷技法得到启发，采用进口的材料，创制出“铜胎烧珐琅”的新法，形成了著名的珐琅彩，这也正是广州彩瓷最初的形成过程。

广州彩瓷艺术发展到现在已经有300多年历史，珐琅彩是广州彩瓷的早期产品，一直都广受好评，受到中外名流的青睐，广州彩瓷既高贵又华丽，清朝时期一直是朝廷贡品，国外的王公贵族们更是多次慕名前往广州购买，甚至通过欧洲商人找到彩瓷的图样找人加工制作并进行出口，一些广东商人从景德镇购进瓷坯，将粉彩技艺和西洋彩画结合在一起进行彩绘并烘焙完成，由于传承了明代彩瓷的技艺和西洋的画法，这期间的广彩图案颇具岭南特色，而且被艺人们作为一种传统的花式图案进行保留，较为有代表性的像彩蝶、金鱼、花篮、古装人物、龙凤等，构图形式常采用在形状各异的花边空格内画上花草树木和人物等，没有圈格的往往采取满花进行彩绘，体现出一种千姿百态、繁华似锦的景象。

广彩的特点就是华丽绚彩、金碧辉煌、清新又热烈、繁却不乱，构图丰满宛若万缕金丝白玉的“织金彩瓷”。现如今，广彩的颜料从初期的几种已经增加到十几种，变得更加的丰富艳丽。

麦秆贴画

麦秆贴画这种民间艺术，主要是把一种麦秆经过漂染加工后剪幅成画，麦秆贴画将刺绣作品细腻的格调与国画雄浑笔触的特点融为一体，同时具有自己的独特风格。广东潮州城区是这种技术的产生之地，我国麦秆贴画主要的产区包括：广东潮州、浙江浦江、黑龙江、广西等地，如今麦秆贴画这种艺术，已经成为潮州特有的一门工艺艺术。

这门艺术的历史很短，前后仅 60 年左右的时间，麦秆贴画分为两种：本色与套色。本色的麦秆工艺制品在最初的时候是以编织的形式出现的，旧时每到清明时节的时候，乡下人就开始把收割下来的麦秆利用起来，编织成一些小的工艺品，像篮子、斗笠、桌椅、扇子等。后来有位叫做辜秋泉的创制出了染色的麦秆画，麦秆工艺开始得到了更新的发展，辜秋泉首先把麦秆染上各种颜色，染色的过程中有意将其染制成深浅不一的样式，接下来将这些各色麦秆按照所需图案进行编制，使用刀具结合切、贴等手法对麦秆进行适当整理，原本平淡无奇的麦秆经过点、线、片的结合，产生出具有强烈对比效果的图画，麦秆经过艺人们灵活巧妙的加工最终成为一件具有特殊艺术情境的工艺品。这期间从本色到套色，麦秆工艺不断的翻新，艺人们运用丰富的想象力，借助麦秆工艺丰富的表现力，成功的制作出一幅幅极具特色的麦秆贴画，这些麦秆工艺品生动传神，多彩多姿，甚是惹人喜爱。

制作麦秆画的过程当中，首先要准备好模子，然后选取不同花纹的麦秆在上面进行粘贴，最后经过喷染及晾干等工序，最终成为一件精致的麦秆贴画工艺品，大约从 20 世纪 70 年代往后，潮州麦秆画开始发展出更多新的品种，相继出现了像屏风、贺年片、小画片、礼品盒、书签、茶叶盒、圣诞节吊件等。一些盒类的麦秆作品起初仅有像圆或方的简单造形，逐渐才发展出了几何体和多边体及各类动物造型等，用麦秆进行贴饰也是由平面花纹渐渐才过渡到浮雕图案的。

近代，麦秆贴画的花色品种已经达到3000种以上，在艺人灵巧的双手里，原本不值一文的麦秆被变成了金笺玉叶，画面上的图案栩栩如生，活灵活现，富有情趣。像著名的《松鹤延年》大屏风，被专家誉为潮州麦秆画代表作，这是一幅半浮雕作品，主要展现的是苍松翠柏之间姿态各异的十多只仙鹤，一侧的梅兰竹菊相映成趣，这款大屏风采用的衬底是枣红色的天鹅绒，画面很好地利用了各种深浅不一的麦秆表现出画面的明暗变化，整幅画卷显得雍容气派，甚是光彩照人，这幅麦秆贴画作为全国工艺美术精品在巴黎国际展中曾获殊荣。此外，在莫斯科世界青年联欢节造型艺术展览会上，杜英豹的《花鸟屏》的展出当时也引起了不小的轰动。麦秆贴画作为潮州最具特色的民间工艺品，一直以来都受到各地人们的热烈喜爱，是人们进行收藏的绝好佳品。

端　砚

端砚，中国四大名砚之一，深得许多人的喜爱，从古代的时候就已经非常的珍贵，再加上近些年砚材难寻，以往的几大砚材名坑都已经“封坑”，尤其是老坑已封了许多年，造成无石可采的境况，早期的一些像老坑、麻子坑、坑仔岩、梅花坑、宋坑等知名的坑端砚的身价越来越高，这些原料现在越来越难寻，其主要的颜色有青紫色、天青色及猪肝色等，尤其是上面有凤眼、鹦哥眼的是上品端砚，一些眼中带有翠绿色的特别的珍贵，不管是老坑砚石、麻子坑砚石，或是宋坑砚石，能够称得上佳品的，上面一般都伴有像胭脂晕、冰纹、马尾纹、金线纹等，有的显现的是单一纹路，有的则兼而有之仿佛一幅无比瑰丽的图画。

端砚出现于唐朝初年，那时候的端砚仅被一些文人墨客当做书写的砚台之用，而且当时的端砚制作的也比较简单和粗陋，石面上也没有什么图案花纹等装饰。后来大约在中唐时期，传说有位制砚的砚工，一次路过端溪，恰好看见有两只仙鹤掉落溪水之中，他就了一张网进行捕捞，结果没有捞到仙鹤却捞出一块石头，砚工听到石中有鹤鸣之声，于是就把石头撬成两半，这块奇异的石头瞬间幻化为两只砚台，两只砚台之上各有一只仙鹤倚松而立。这个传说一传十，十传百，砚工们也从中得到启发，制作的砚台开始雕刻花纹进行装饰，从此，端砚开始真正成了工艺品并广为流传。

端砚主要以坚实的石质、细腻润滑的触感扬名天下，用端砚研墨的时候发墨较快，研出的墨汁非常的细滑，书写起来更为流畅不会损伤笔毫，字迹的颜色比较的持久，一些质量好的端砚，不管是酷暑或严冬，当你用手按砚心的时候，砚心多呈现湛蓝墨绿之色，由于砚内的水汽久久不会干，古代就有人称可以“哈气研墨”。制作端砚的过程非常的复杂，工序也比较繁多，像采石——维料——制璞——雕刻——磨光——配盒等步骤。

端砚是肇庆独有的一种工艺美术品，受到许多文人墨客的喜爱，得到了许多达官贵人与帝王将相的高度评价。宋朝开始端砚逐渐被当做“贡品”进贡朝廷，自此以后，端砚不断地发展，现今早已蜚声中外。

金漆木雕

金漆木雕采用漆与雕两种工艺结合而成，是较为传统的一种工艺，具有非常浓郁的地方特色，多见于一些家具装饰或是建筑物的装点上，常见的像人物、山水、佛像和动物等，像广东当地的“狮子”金漆木雕就颇有名气，金漆木雕以其品种多样，线条圆润为显著的特征。

1000多年前就已经有金漆木雕了，在《潮阳县志》一书中有记载曰：“潮阳金漆木雕，始于唐，盛于宋。”在明清时期，由于一些达观显贵喜好在自家的房梁上采取金漆木雕形式进行点缀，显得甚是富丽堂皇。清末的时候，在潮阳有位叫做黄武贤的人，由于其在平息新疆叛乱的时候跟随左宗棠杀敌有功，受到朝廷的重用被封为云南的提督，当年这位提督就得到了一幅金漆木雕的《福禄寿三星图》，并将其奉送给慈禧太后，慈禧看到之后甚是喜欢，所以一直被慈禧珍藏，现在被当做国宝收藏在故宫之中。如今在北京人民大会堂的广东厅内，还珍藏有张监轩创作的“三阳开泰”等4幅挂屏，厚约12厘米，面积各为3平方米，这些都是金漆木雕的精品。

在艺术表现形式上，金漆木雕有着无比独特的风格：构图上采用的是吸取中国绘画散点透视的传统技法；在一些较为常见的以人物为题材的作品上，常会根据需要，把不同时期的人物组合在同一画面上，采用“S”形或“之”形将其分清主次联系在一起，既可以显得布局匀称，层次分明，又能够使其看起来像一个有机的整体，由于其雕刻技法比较多样，特别是像多层次的镂雕通常为2—6层，看起来镂空穿透，非常适合用于表现亭台楼阁、花篮等。像人物和景物，一般都采用较为夸张的手法，图案看起来极富装饰性，像一些挂屏会采取贴满金箔，采用朱红漆进行托底，这样的话底部的朱红漆透过镂雕部分的金箔，给人以富丽华贵的观感，在建筑上有时也会使用，也起到了不错的效果。

广东省的金漆木雕带着浓浓的南国地方特色深受各地人们的喜爱。

织金彩瓷

织金彩瓷由于产自广州，于是也被人们唤作“广彩”，由于这种工艺具有华丽多彩、金碧辉煌的质感，因此备受人们的青睐，系列产品一度远销欧美等国家，被外国人称作是中国陶瓷业中盛开的一朵奇葩，这也使得织金彩瓷成为我国向外出口的最重要的一种产品。

织金彩瓷是从清代康熙晚期逐渐开始生产起来的，当时受到了各种彩瓷艺术的影响，像三彩、五彩、斗彩、粉彩、珐琅彩等，而织金彩瓷从中脱颖而出，并一直在乾隆、嘉庆年间兴盛流传至今。织金彩瓷的发展一方面也是源于广东省的对外贸易港口城市的便利条件，远销至西欧等国家，受到了各国皇室贵族人士的赏识，作为一种装饰用瓷器被广为使用。在西欧皇家宫殿与博物馆内会经常见到这种织金彩瓷，在造型和纹饰等方面主要以西方所需的定式进行制作，具有比较厚重的西方文化艺术色彩，但在装饰内容方面极具华夏特色，较常见的装饰图案以花卉锦簇、山水或者写实庭院景色等，甚至会装饰有清装人物等。

广州的织金彩瓷具有非常浓厚的东方特色，主要是在白瓷器皿上进行彩绘，其后进行烧制形成，属于我国釉彩瓷中比较独特的一个品种。从明代到乾隆年间，广州彩瓷经过 300 多年历史，方才慢慢形成自成一格的艺术风格，瓷器经过能工巧匠织上金线以后，看起来就好像万缕金丝镶嵌在宝石上一样，给人带来一种雍容华贵的感觉，生产彩瓷所使用的白瓷胎很多都是来自江西、广东、湖南等各大瓷区，在图案的设计上以人物、花鸟虫鱼、山水风景等较为多见，产品主要分为三大类：日用欣赏瓷、陈列艺术瓷、工艺瓷，这当中仅工艺瓷就占 500 多个品种 2000 多个样式。

现如今，广州的织金彩瓷的发展更是日益成熟，技艺越来越精湛，产品销往世界各地，受到各地人们的青睐。

象牙雕刻

广东牙雕又被称作南派牙雕，由于其制作的时候比较讲究雕工，着重牙料的漂白与色彩装饰方面，作品通常都玉质莹润、玲珑精巧、华丽美观，以精镂细刻见长。

广州的牙雕工艺由来已久，特殊的装饰性能、精细工整的做工、玲珑剔透的质感使其一直都闻名于世。清朝时期，广州在海禁的那段时期成为我国唯一的对外贸易港口城市，这对于当地人来说是个绝好的时机，来自东南亚等国的一些象牙被运往了这里，拥有大量象牙原料使得广州当地的象牙工艺受益颇丰，牙雕工艺因此得到不断提升，而同时广州产出的牙雕的工艺品也得以出口到各个国家，该时期的象牙雕刻技艺已经领先全国，与我国其他地区的风格要求完全不同，具有自身更为独特的艺术魅力，一度影响着全国的象牙工艺市场。

广州的象牙雕刻被分作雕刻、镶嵌和编织三大类型，而雕刻工艺的手法又分作起突、阴刻、镂雕、隐起等，由于广州地区的气候条件较为温暖湿润，象牙不容易发生脆断的现象，因此比较适合一些透雕、钻镂工艺的象牙制品，因此镂雕也就顺理成章的成为广州象牙雕刻最有特点的一种雕刻技法。象牙雕刻的品种有很多，如笔筒、插屏、象牙球、画舫、鸟兽、人物等欣赏品，灯具、粉盒、筷子、图章、梳子、鼻烟壶、烟嘴、瓶等日用品，这些品种里面象牙球是最有名的，若是把象牙雕刻与其他像紫檀、犀角、玳瑁、翠羽等许多种材料巧妙镶嵌于一器之上，会使图案看起来更具立体化，能够增加图案的层次感，这也是广州牙雕工艺的一大显著特色。

考虑到外销的一些需要，广州牙雕的风格主要趋向于写实的手法，并着重吸取大卷叶、写实花卉等国外图案的优点，染色、螺旋状的连接部件方面技艺较为精湛。

第二节　在广西“寻宝”

广西壮族自治区主要位于我国的西南边陲，有较为便捷的出海通道，广西的景色非常的壮美，有着非常丰富的矿物质资源，特别是奇特的喀斯特地貌让人叹为观止，整个广西拥有多处灿烂的文物古迹，加之浓郁的民族风情，令这里显得极富魅力，在广西，带有强烈民俗风格的壮族织锦一定会让你大开眼界，美丽的花竹帽象征着美好幸福，还有颇有名气的泥兴陶器……

壮族织锦

壮族织锦是广西当地最为珍贵的一项文化瑰宝，是我国的四大名锦之一。这种织锦主要采用丝线或是棉线编织而成，由于在编制的过程中追求严谨的构图，制作非常的精美，整幅作品以展现壮族人民对美好生活的热烈追求为精神，带有热情开朗的民族气息。

在汉代时，广西人民就已经开始制作“峒布”，但那时的峒布还不能称之为锦，真正出现“锦”的纺织品是在宋代，宋代时出现的布就是早期的壮锦，在北宋、元期间，有位叫做吕大防的人还在四川开了一家蜀锦院，其生产的织锦当中就有一种广西产的织锦，也就是壮锦，那时壮锦就已经非常的名贵，曾被用作朝廷的贡品，这一时期，壮族的纺织业有了飞速的发展，不仅出现了布帛，还出现了锦（用丝、麻、丝棉交织而成）。再后来就是明代了，壮锦的织造工艺更是精益求精，壮锦逐渐流行开来，这一时期的壮锦已经织有龙、凤等较为复杂的花纹图案，看起来甚是美轮美奂。

壮锦在织锦的时候，主要靠的是手工织机，织机上设计有支撑系统、传动装置、分综装置和提花装置，织工们在做活的时候用棉纱作为经，各种各样的彩色丝绒作为纬，采用通经断纬的方法巧妙地互相交织而成。壮族人民大多具有热情奔放、勇敢爽朗的性格，他们更加喜欢一些较为浓烈的色彩，因此壮族织锦艺人在对壮锦进行配色的时候大多表现出一种热烈、活跃的气氛，颜色对比鲜明，最常用红色为背景，广西民间还流传这样一句话："红配绿，看不俗"，他们在配色上以红、黄、蓝、绿等作为织锦的主色，再搭配上几种甚至十几种颜色，讲究色彩艳丽夺目且经久耐看，由于织锦艺人将颜色配置得十分恰到好处，一幅壮锦，给人一种斑斓绚丽且华而不俗之感，可谓纯朴中见丰富，素雅中见多彩。

在长期的劳动中，壮族人民逐渐琢磨出了一整套的壮锦织造技术，他们使用手工织机，用棉纱和各种彩色丝绒采用通经断纬的方法编织壮族织锦。壮族人民使用的传统小木机，也被叫做竹笼机，由于机上设有"花笼"，主要用来提织花纹图案，用花笼起花是壮锦织机的最大一个特点。

毛难族花竹帽

生产于广西环江县的毛难族花竹帽，被毛难族妇女当做雨具使用，这种花竹帽是一种非常精美的手工艺品，毛难族把这种花竹帽称作“顶卡花”，意思就是在帽底编织花纹的意思。该花竹帽主要是采用当地盛产的金竹与墨竹篾子编织而成，由于工艺精致而且花纹美观，帽形大方并且结实耐用，受到人们的青睐。

从前有位汉族青年，是一位编织能手，不管走到哪里，他都会使用竹子编织出一些竹器进行贩卖，这门技艺能够维持他的生计。有一次，他恰巧到了长满金竹与墨竹的毛难山乡，由于看见很多的好竹子，觉得非常的兴奋，于是他砍了些竹子连夜就编了顶花竹帽，第二天，他戴着自己编的这顶花竹帽继续上山砍竹，恰好山上有位毛难族姑娘也在砍竹，两人就聊了起来，那位姑娘原来也是个编织能手，忽然天空下起雨了，青年人就把花竹帽给姑娘戴上挡雨，姑娘不忍看着青年淋雨，就和小伙子一起用帽子挡雨。雨停之后，姑娘看到帽底编织的精美花纹，就称赞上面的花纹是美丽的顶卡花！这次相识两人互有好感，没多久两人就结为了夫妇，在汉族青年的帮助与指导下，那位姑娘把“顶卡花”编得越发的精美。从此以后，在毛难山乡顶卡花开始代代流传。当地人也把花竹帽看成是幸福美好的一种象征。

钦州泥兴陶器

广西钦江两岸盛产一种红土，这种土质是制作泥兴陶器最好的一种原料，钦州泥兴陶器正是选取此原料进行加工而成，陶器之上还经常采用雕刻等手法进行装饰，陶器最初呈现的是赭石色，经过烘焙、窑变、打磨等一系列工序之后，陶器的颜色逐渐发生变化，呈现出各种天然的色彩，即使没有上釉也会显得富有光泽，甚是好看，较常见的颜色有金黄、栗色、古铜、紫红、墨绿、铁青、虎纹、天斑等。

泥兴陶器主要产自中国广西钦州地区，根据《钦州县志》一书的记载及钦州的出土文物考证：钦州泥兴陶器是从唐朝开元年间开始兴起的，到现在已经有2200多年的历史了，到了清朝咸丰年间的时候，泥兴陶器才真正开始兴盛起来。

泥兴陶器的品种很多，共8大类400多个花色品种，像茶具、花瓶、咖啡具、文具、花盆、食具等，大一些的像高达两米左右的大花瓶，小的比如直径只有三厘米的一些小茶杯等。其中像各式茶具、花瓶、笔筒、盆景和食具等，非常的有名气。

泥兴陶器的特点是：质地细腻、坚硬结实、音质铿锵、幽雅古朴。其无毒、耐酸、耐碱、吸水性强、透气性能好。泥兴陶器制作的花瓶装水的时候不容易发臭，插花的话花束生长的甚是茂盛；泥兴陶器制作的茶壶泡茶的话味正且香；泥兴陶器制作的食具盛装食品的话，隔天不容易馊。

第三节　在海南“寻宝”

海南处在我国的最南部，属于我国较为年轻的一个省份，也是最大的一个经济特区，它就像一颗无比璀璨的明珠绽放于南海之滨，这里长夏无冬，每当北国飘雪的时候此地却暖风吹拂，现如今海南已经被作为旅游岛，大力地发展着旅游业，作为先行示范的地区，这里更进一步扩大了对外开放。

海南盛产椰子，而椰壳被当地人制作成精巧无比的各类工艺品，甚至被大家当做一些送礼的佳品，非常具有黎族风情的黎锦绝对称得上是当地的一件民俗宝物。

椰　雕

椰雕是海南省特有的一种常见工艺品，椰雕采用椰壳精工制作而成，由于在过去的时候，官吏经常将其进贡给朝廷，因此被称作“天南贡品”，椰雕的制作技艺相当的精湛，风格也非常的古朴，加上造型优美，具有浓郁的地方特色。

椰雕的制作最早的有关记载是在唐代，最初的时候是被人们当做日常使用的瓢勺等物，逐渐才发展成为工艺品，在明末清初的时候，椰雕工艺已经达到了很高的技术水平，海南的椰雕最早可以被追溯到中唐宣宗元年，在《粤东笔记》一书中记载：李得裕谪居崖州的时候，把椰壳锯开制成了瓢、勺、碗、杯等用作吃喝的必需用具。唐朝诗人陆龟蒙的诗句“酒满椰杯消毒雾”中，可以看得出，椰壳制成日用品已经有1100多年的历史了。到了宋朝的时候，制作精致的椰碗、椰杯、椰壶开始广为流行，紧接着清末、中华民国初期，椰雕技艺也越来越趋成熟。

椰雕的制作通常要经过选料——造模——雕刻——通花——嵌镶——刨光——修饰等一些工序，椰雕被分成许多类像镶银、青壳、贝雕镶嵌、镶锡、石膏镶嵌、陶瓷拼贴、檀木镶嵌等。雕刻的手法通常采用沉雕、通雕、浮雕、棕雕、油彩、拼贴等。产品包括像小巧玲珑的果盘、饭碗、酒盏、饰盒、椰珠项链，以及富丽高雅的花瓶、台灯、茶具、酒具、奖杯，甚至各类高档的挂屏、坐屏、屏风等，主体一般上都是圆形的。

如今椰雕艺人技术越来越好，逐渐就形成了韵味独特的一项民族工艺品。使用椰雕作为礼品、用品等早已是相当平常的一件事情了。

海南黎锦

黎锦，综合了纺、织、染、绣等工艺，由于艳丽的色彩、精美的图案、做工甚是精细一直都很有名气，作为中国棉纺织业发祥地的海南岛就是由于黎锦才出的名，黎族人将黎锦制作成异彩纷呈的服饰像头巾、筒裙、花带、包带及被子、床单等。

黎锦称得上是中国最早的一种棉纺织品，是中国纺织史上的一种“活化石”，其起源至少已经有3000年的历史。早在春秋战国的时候，史书上就称黎锦是“吉贝布”，纺织技艺早就有据可查，到了春秋战国时期，当地黎族妇女逐渐开始学会利用当地野生的木棉花纤维织成木棉布。黎锦到了明清和中华民国时期，已经发展到了最高峰阶段，而种类也已经很多，像黎单、黎幕、黎饰、崖州龙被等一些大件织锦，还有像围腰、挂饰、挂包、花带、胸挂、衣帽、筒裙等一些小件。黎锦的筒裙据说是出现最早的超短裙，其主要采用黎族织锦与单（或双面）绣花布料共同制成，黎族姑娘还喜欢在筒裙上镶嵌像贝壳片、琉璃珠、银片等进行装饰，显得极为绚丽多彩，这种筒裙穿起来非常的漂亮，尤其是载歌载舞的时候裙子上的装饰熠熠生辉，分外美丽动人。

根据统计，黎锦花纹的图案种类一共有150多种，被分做六部分：自然界纹、人行纹、动物纹、生产生活纹、植物纹、文字纹，在这当中，用的最多的是龙凤、青蛙、蝴蝶、蜜蜂、树木、日月水火等纹案，这些黎锦体现出黎族人家的吉祥与温和，采用的是既抽象又具体的一种表现手法，从各种织锦图案上能够看出黎族和汉族文化的交流与融合。

随着技术水平的日益提高，现代纺织工艺不断的更新，黎锦的机织工艺早已得到更大的提升，现代黎锦相继的出现，如今在海南旅游，黎锦已经成为人们必选的旅游品之一了，长久流传下来的黎绣以其大方拙朴见长，明快的风格，非常具有黎族风情，这正是其区别于其他刺绣的关键。宋代以前的黎锦如今在海南较少见到了，现在所谓的古黎锦很多都是明清以后的了，明代的黎锦不管是在工艺或纹饰内容上都被称作是最好的，如果想要收藏的话，选择年代早、色彩丰富的黎锦比较合适，其价值比较高。

淘宝中国

To Search rare treasure in China

第五章 淘宝西北

西北地区也有西陲、回疆之说，与别处相比较的话，这里显得更加的古朴、自然，香味悠远的油茶、槐花蒸面、黑米粥与黄桂柿子馍等极具地方风情与特色，陕西的牛羊肉泡馍更是名闻全国，除了饮食多样，各类手工艺品、民间器物也是花样繁多。

提起陕西，就好像是提起了中国的传统文明，如果说北京能够体现汉民族文明发展的历史的话，陕西地区就是我们中华民族真正的文明发源地，在西安，我们可以寻找到正宗的中华文明，大概要从半坡文明开始算起，历史上较为辉煌的发展时期，像西周、西汉、隋、唐等都曾经把这里设为都城，想要寻觅到一种思古之情的话你会在这里找到真正的寄托。

只要一提起甘肃，最容易让脑海里浮现出的就是，贫瘠苍凉的大西北，那种风景怎么也挥之不去，由于过度的开垦，这里的土地过早的退化，到处是一片黄沙漫漫的天气。事实上，甘肃并不是完全这样，提起河西走廊，你会想到浓浓的西北风情，有关中一样具有中原的风貌，还有种近似武都的一派南方景致，甘南地区更有着浓浓的藏族风情，由于近些年的城市建设，兰州的繁华程度近乎于西安。

谈起位于甘肃的嘉峪关、敦煌，它们都是多年承载着当地精神文化的写照，也是相当值得一游的去处，不仅由于其拥有深厚魅力的文物古迹及风土人情，而且也在于它们挺立在这稍显苍凉的戈壁中那股精神，让人感动。

第一节 在宁夏“寻宝”

宁夏处在有名的“丝绸之路”之上，在我国的历史上，这里可是进行东西贸易交流与合作的交通要塞，作为黄河流域经过的地区，古老的文明在这里一样体现得淋漓尽致，据记载，早在3万年前，宁夏这里就已经有了人类的足迹，在公元1028年时，李元昊（党项族的首领）在这里成立西夏王朝，形成了极具特色的西夏文化。

在宁夏转上一转，你一定会大有收获，滩羊皮、贺兰石雕、宁夏回族乐器、回族礼拜帽、宁夏枸杞……这样多的宝贝，你到底选择哪一个？

滩羊裘皮制品

滩羊皮主要被分作二毛和沙毛，毛色方面主要分为纯白、纯黑、浅褐、杂色等种类，纯白色的比较常见，白色的滩羊皮毛色看起来洁白似玉，皮质既柔软又坚韧，毛穗带有波浪样的自然弯度，就像是湖面上荡起的层层涟漪。黑色的滩羊皮也被唤作紫羔皮，极为稀少和珍贵。滩羊皮以其保温性能好，样式美观大方等优点，成为各类裘皮当中的佼佼者，是一种传统的名牌裘皮制品。

滩羊其实就是蒙古羊的后裔，经游牧迁徙之后才传到了宁夏黄河两岸，宁夏地区多草原，牧草比较的丰足，水质属于微碱性，矿化度也比较高，这些正是滩羊繁育所需的最佳条件，滩羊皮历来就有“轻裘”的美誉。使用滩羊皮为原料加工而成的男女冬装等穿起来非常的轻便，不仅暖和舒适而且美观大方，这些都使得滩羊皮成为我国传统出口的一种重要商品。

滩羊皮是在滩羊羔产下 45 天左右的时间里进行宰杀进而取皮留用，由于底绒较少，绒根清晰而不会粘连，并呈现出波浪形的花弯，被戏称作“九道弯”，像宁夏银川、盐池、中卫，内蒙古贺兰山，甘肃靖远等地是滩羊皮的主产地。

宁夏的滩羊属于粗毛型、羊尾脂，在世界裘皮中使用绵羊皮制作裘皮只有宁夏滩羊皮一种，这与其美观舒适的毛皮质感有着很大的关系，宁夏滩羊毛的纤维细长且排列的非常均匀，绒毛相当蓬松且具有弹性，因此是一种非常难得的高级裘皮原料，常被用来制作像围脖、披肩、毛毯等装饰品，宁夏的滩羊皮制品之所以名声在外正是凭借其优良的品质。现在许多采用滩羊皮做原料的制品在市场上销售甚为火暴，尤其是宁夏产的提花毛毯，一直以来都以其独特的风格和优良的品质驰名海内外。

贺兰石雕

贺兰石，又被人们叫做吉祥石、碧紫石，贺兰石居宁夏五宝之首，一直以来贺兰石都享有盛名，被称作宁夏的“蓝宝”。贺兰石需要经过数亿年自然历史变迁才逐渐形成，由于地壳变动、泥沙沉积等原因形成了属于水成岩的这种贺兰石，这种极其难得的石材仅有两种颜色：绿色和紫色，贺兰石的质地非常的均匀细致且清雅圆润，以手叩之会有响声，这种珍贵的石材产自宁夏贺兰山大约 2600 米处的悬崖之上。

传说在古贺兰国有一位公主叫做坦依·贺兰，她天生丽质却偏偏爱上了一名叫做阿拿的武士，由于两人地位相差甚远，坦依·贺兰的家人极力地反对这门婚事，公主却依然勇敢地深爱着阿拿，而且经常鼓励身边的其他人也去大胆的追求幸福。可是不幸的事情发生了，阿拿在战场上不幸为国捐躯，坦依·贺兰公主伤心不已，就在爱人阿拿的身边日日夜夜的祈祷，善良的公主流下的眼泪幻化成了美丽的“贺兰石”，最后，在爱的感召下阿拿武士居然神奇的起死回生，坦依·贺兰与心爱的人一起从此过上了幸福的生活。为了纪念公主与阿拿的爱情，为了纪念这段美丽的爱情传说，后人把贺兰石视作吉祥石，一种爱情的信物，代表着一种幸运。

贺兰石的结构较为均匀，细腻的质地，可谓刚柔相济。色泽紫中嵌绿，紫绿两种颜色互相交错，形状上有玉带、云纹、眉子、石眼等，这些美妙多姿的贺兰石，可以说是一种非常难得的雕刻石料。被雕刻出来的贺兰砚以其千姿百态的图案，深受海内外各界人士的喜爱。雅趣天成的图案经过能工巧匠的精心雕饰之后显得更加的精美绝伦，每款饰品的色样几乎都是世上独一无二的，因此，在我国源远流长的工艺史上，贺兰石具有一定的地位。

贺兰石除了用来雕琢成一些砚台，还可以用来刻制成一些文房珍品像印章、镇纸、笔架等，贺兰石被誉为宁夏五宝之一，一直被远销到国外，是进行收藏或者馈赠友人的一种艺术佳品。

回族乐器口弦

口弦是回族姑娘非常喜爱的民间小乐器的一种，还被当地人称作“口琴子”或“口衔子”，这种口弦的外观与牛头或小羊相似，回族乐器由回族艺人制作而成，具有较为鲜明的宁夏回族文化特征，在口弦之上常会雕刻有各式的阿拉伯文或是一些代表回族艺术的线条与图案等。回族乐器口弦代代相传，这种乐器具有非常优美动听的音色，由于体型较小，便于随身携带，在宁夏回族自治区，你经常能见到长幼妇孺都各持一支口弦，已然成为宁夏回族的一种象征。如今在宁夏各地有许多融演奏与制作为一体的弹唱技艺团体，出现了许多高水准的吹奏歌手，他们能够吹奏出超越口弦本身的华彩，回族人称其为“把式”（高手）。

口弦这种乐器大多以黄钢、红铜或白银等材料制作而成，外形有点像如今妇女们头上戴的钢发卡，口弦的中间安有一根特别细薄的铜片，是一种发声器。口弦大小有差别，有一寸左右的，也有比它再小一些的。把口弦横在口里，用舌尖或手指轻轻拨动上面的发音簧片就能够吹奏出美妙的音乐来，根据口形的变化、气息的大小去调节音律。口弦分为两种，铁制的和竹制的，铁口弦在许多的民族当中都较为常见，竹口弦则是回族姑娘最常使用的口弦乐器，竹口弦这种乐器看起来像是很简单，可制作的时候也是很有门道的，制作竹口弦时需要把选来的竹子切成约 5 寸长的若干节，在油锅里炸一下，拿出来以后还要精心地削，使得做出来的口弦，光滑锃亮不说，还非常的结实耐用，而且在使用的时候音量也较为适中，声音听起来非常的清脆与柔和。

每到春暖花开的时节，在宁夏当地总会处处响起乐器的一片演奏之声，其中尤以青海回族青少年所喜爱并擅长的民间乐器“咪咪儿”最为常见。在闲暇的时候，每当夜幕降临，妇女们就会相互聚在一处，吹起动人的口弦消遣解闷，或寄托对出门在外丈夫深深的思念，表达深埋心底的感情。

回族乐器牛头埙

在宁夏回族地区，流传着一种乐器叫做“牛头埙”，这种乐器事实上就是采用一些黏合力相对较强一些的黄胶泥制作而成，非常的结实耐用，回族群众非常喜爱这种小乐器，亲切地送它两个昵称为“泥箫”和“哇呜”。

在过去这种泥制的小乐器被称作“埙”。据史书上记载，古时有一种用陶土制作而成的吹奏乐器，像鹅蛋一样大小，形状上尖、下平且中空与秤锤很相似，乐器顶端还留有吹口，前面有四个孔，后面则有三个孔。在封建时代早期的时候，一些宫廷乐队采用这种乐器进行演奏，但较少见于民间演奏，后来渐渐隐去。

牛头埙的制作手法甚是简便易学，因此在宁夏当地的普及性很强，一些十来岁的儿童，都喜欢用泥巴制作牛头埙，牛头埙的取材也特别的方便，孩子们在河边、渠旁挖上一些泥土，掺水和成泥团，就可以开始制作不同形状的牛头埙了，制作完成的牛头埙需要放到阴凉之处直至完全晾干，最后用粗铁丝在牛头埙上钻上一些小孔，这就是所谓的吹口，吹奏的时候用手按住四个小口就可以吹出美妙的曲子来。一些聪明的孩子在制作牛头埙的时候，由于想要使牛头埙显得光滑好看，还在其表面擦上油，甚至放到砖窑里面进行烧制，经过这些工序制成的牛头埙就已经是相当结实好用的小乐器了。

后来，回族人民在与其他民族的文化交流中，受到了其他民族吹奏乐器的启发，开始根据古代“埙”的原理并结合当地的风俗，创制出了回族人民特有的民间乐器“牛头埙”，并使之代代得以流传。

第二节　在新疆“寻宝”

新疆维吾尔自治区地处中国西北边陲，简称为“新”，是我国面积最大的省区，这里的陆地边境线也是全国最长的，其毗邻的国家也是所有省区当中最多的。

在新疆能买到真正的和田玉吗？新疆绿葡萄干、维吾尔花帽、桑皮纸等，买了回去送家人朋友，这些可都是一样不能落下的啊。

喀什土陶

在新疆，流传有这么一句话：“不到喀什就不算到新疆”，喀什的维吾尔族风情甚是浓郁，传统手工业产品像铜器、花帽、地毯、乐器等吸引着南来北往的国内外游客，土陶是新疆喀什的特产，在土陶一条街你可以看到各类精美的土陶制品，喀什土陶被称作“泥巴艺术”。

据说最早的土陶艺术是在新石器时代出现的，汉晋以后发展成为彩陶艺术。在新疆喀什噶尔老城的东南侧有处黄土高崖，这里是喀什老城内地势最高的一处地段，东汉时期的班超与耿恭曾到过此地，高崖之上有条长长的巷子，著名的喀什土陶就是在这里出品的。当地住着许多维吾尔族居民，这条小巷被当地的维吾尔人称作阔孜其亚贝希巷，代表高崖上的土陶之意。在出品的所有喀什土陶器当中，仿古土陶品质最上乘，其既实用又具有极高的观赏价值，如今，仿古土陶在传承旧时工艺的基础之上不断的大胆创新，成为喀什当地最具名气的土陶品种。

制作土陶既没有可参照的图纸也没有能模仿的模板，整个制陶的全过程制陶艺人完全凭自己的手感与积累下来的经验一气呵成。

制作土陶首先是制作陶泥，将准备好的河泥原料兑水不断捏揉，然后将其放在自制的木制轴盘下面，脚在下方的踩板上反复地进行踩踏，陶泥制作好以后艺人用手灵活地滚动出坯体，并不停地转动便于制出各种造型，坯体成型要将其放至完全晾干才可以施彩釉，最后就是将其放入窑内烧制成型。经过烧制的彩陶非常美观，花色图案也非常多，尤其是带有伊斯兰图案的土陶是维吾尔族人民的最爱，这些喀什土陶不仅能够作为生活之常用器皿，许多人还将其作为精美的工艺品用作装饰使用。喀什土陶可以制成罐、壶、碗、盘、碟等很多品种，在所有的喀什土陶当中，有一种叫做阿不都壶的土陶制品，堪称是喀什人完美智慧的结晶，阿不都壶形状与大小各不一样，在壶的中间部位专门留出了许多小孔，为了方便水从这里向壶四周的通道涌入，这种水壶是当地人用作洗手用的器皿，是喀什土陶的一种特殊代表。

虽然现今的一些电动装置要方便上许多，但是当地的土陶艺人仍旧习惯沿用祖辈流传下来的土法子制陶，选料、制坯、捏塑、烧窑、彩绘、上釉、加工等皆为手工。釉色的颜料也是来之不易的，通常都从戈壁滩或山上采集各色石头，石头经过粉碎研磨，要十余道繁重的体力劳动才能制成，这些喀什土陶从最初的土坯制成件件精美的彩釉陶器或艺术品，经过繁杂的工艺，制陶艺人辛苦的劳作，一件件彩釉陶器或艺术品才能呈现在众人的面前。

到目前为止，新疆喀什仍有十几家土陶作坊在继续从事着土陶业，这些作坊的主人传承着祖辈传下来的技艺，将土陶制作这门艺术延续至今，从选取泥土原料、筛料、和泥、制坯、彩绘、雕花、施釉、烧制，晾干等，每道工序都是艺人手工完成，因此喀什土陶的收藏价值已经越来越高。

和田玉

和田玉也被称作软玉，我们国家素以出产和田玉而出名，还有一种美玉叫做昆仑玉，两者齐名，被世人称为姊妹玉。和田玉具有质纯而温润的特性，其实它就是透闪石与阳起石的矿物组合体，这种玉石具有细腻紧密的质地，从结构上观察，其主要是由一些细小的纤维交织而成，这也使得和田玉具有很好的韧性不易破碎，和田玉的色泽温润，观之，具有油脂感一样的光泽。

中国的和田玉由来已久，一直都蜚声中外备受世人宠爱，和田玉的一些精品，是我国灿烂文化之中不可缺少的一个重要组成部分，和田玉带有一种灵气，象征着巨额的财富，但很多人总是缺乏一双能够辨别真伪的慧眼。

和田玉大多都呈现出微透明的形态，硬度在6.5左右，折射率一般在1.61—1.62，密度通常在3.0g/cm^3左右，颜色很多种，像黄色、绿色、黄绿色、白色、灰白色、灰绿色、深绿色、墨绿色、黑色等。按品种和田玉又被分为青玉、青白玉、羊脂白玉、白玉、碧玉（专指绿色的软玉）、糖玉、花玉、墨玉、黄玉、金山玉等，这其中尤以羊脂白玉最为珍贵，羊脂白玉的特点是质地细腻，光泽感强，色如羊脂般洁白，人们将这种玉称作玉中之王。真正的羊脂白玉，白且不反青，油脂度极高，取得羊脂白玉难度很高，一般的色度都较难达到羊脂级，羊脂白玉在冰雪覆盖的冰河之中才能产出，因此非常稀有，甚至玩玉的老藏家也未必能求得真正一级的羊脂白玉，不少人都曾慨叹一玉难求。对于真正的羊脂白玉，如今国家还未对其进行严格的区分和界定，有人称，不管你多有钱，想买到精绝之品羊脂玉都难于上青天。现今市面上被称作羊脂玉的，事实上很多都是高白色的一些山玉或子玉，像不带皮的高白玉通常都是一些山料。这其中子玉价值要高过山料数倍，市场上也经常出现制作假皮子的现象，玉工们在做玉器加工的时候会尽量留皮，可是无皮的玉到底是不是子玉呢？这个问题一直备受争议，因此，想要辨别真伪的话最好还是请玉石鉴定专家帮助识别。

根据和田玉的同等级来讲的话，子料是其中最贵重的，山流水其次，山料再次。这里给大家介绍一下和田玉的选购诀窍：第一，不能只图价格便宜，特别像白玉的产量非常稀少，原料几乎面临枯竭，天然的好白玉一定会价值不菲，价格过于便宜显然是不可能的，大家在购进的时候需要多加思量；第二，白玉对雕工要求极高，细微之处必定是玉雕师傅亲自进行雕刻，直至形成完全细致圆润的玉器，因此一件白玉的价格应该是玉料钱加上师傅的工钱，像一件白玉方形牌子的工钱约1000元往上，一件随形玉坠的工钱差不多在百元以上，大家要计算一下物件的成本，以免上当受骗；第三，白玉具有特别细致的质地，极为温润柔和，因此选购时可掂一掂有否沉重之感，看一看有没有蜡质光泽，玉石里是否有气泡，手感是否温润等。另外，建议大家最好在正规的店里进行选购。

维吾尔花帽

维吾尔族人非常喜欢戴帽子，维吾尔花帽带有浓郁的少数民族气息，是一种很有特色的帽子，他们认为帽子不仅具有保温或降暑的功用，而且对于社交礼仪方面像探亲、访友及节日聚会等具有重要的意义，传统的维吾尔族帽子有两类：皮帽和花帽，特别是维吾尔花帽可谓千变万化，不同的花帽图案与纹样常会表现出千变万化的形态差别，维吾尔族各地的花帽都不相同，分别带有各自的地方特色。

维吾尔族花帽花样繁多且优美，由于维吾尔族人民喜欢一些对比强烈的色彩，因此，维族花帽极富地方特色，女式花帽红的艳，绿的翠。男性则大多喜欢黑白的颜色，其花帽款式也显得更为粗犷奔放一些。维吾尔族花帽纹饰多样，图案古朴，色彩鲜明，每一件都做工精细，体现出当地的文化特色，及地域性的习俗。解放后，人民生活水平得到提升，尤其是自 20 世纪 90 年代以来，维吾尔族花帽也随之发生了很大的变化，较为新颖的花帽越来越受到维吾尔族群众，尤其是青年男女的喜爱。

维吾尔的花帽制作的非常精致，选料也比较精良，制作花帽的工匠，个个身怀“绝技”。维吾尔花帽样式品种有很多，其中男花帽强烈的黑白对比色让人印象深刻，在黑底的帽子上是富有格调美的“巴旦木”图案，纹饰线非常的明显，帽子带有突起的棱角，极具质感，像和田、库车地区的花帽大多以较为优质的一些丝绒面料，配上色彩各异的丝绒进行纹样的编织，其疏密有致的穿插，使得纹样显示出一种独特的韵味，一些花帽在进行了镶饰串珠、配以金银饰片之后，显得圆润光泽。制作者巧妙地将图案本身的结构进行编织，彩线编织极为细腻，花帽顶部的纹饰呈凸起状态，有的花帽还会装饰上彩球，繁花似锦光彩夺目的花帽成为新娘们的心头最爱。

维吾尔族是个爱花的民族，人们戴的是花帽，衣着服饰也都与花紧密相连，维吾尔绣花帽代表着这个民族的民俗，具有非常重要的意义。

维吾尔族桑皮纸

维吾尔族有一种特别的纸，这种纸是桑树皮制作而成，有的呈现淡褐颜色，讲究一些的呈现半透明状，纸面非常的薄，被称作维吾尔族桑皮纸。精致的桑皮纸，一直被维吾尔族姑娘在绣花帽的时候用作必须的辅料。在绣花帽的时候，需要隔行抽去坯布的经线与纬线，在绣花以后还要用桑皮纸搓成的小纸棍插进布坯里面的经纬空格当中，依照此种方法制作出来的花帽会比较的挺括并且软硬适中。

在南疆一带，清朝和中华民国时期的官府书籍之类大多数用的都是桑皮纸，据说这种桑皮纸制作的书页摸上去手感较为粗糙，桑皮纸除了被用作普通用纸以外，在古代的时候还一直被用作高级装裱、糊篓、做炮引、包中药、制扇子、制伞等。纸张按照质量常被分做四等，一等、二等的纸张厚同时较为洁白，三等、四等的纸张薄而且柔软。

维吾尔族桑皮纸的制作原料就是桑树皮，桑树枝的内皮纤维较细且极富黏性，加工后制纸非常合适，经过道道工序制成的桑皮纸，成纸通常都是正方形，边长为 50 厘米上下。造纸的时候，需要先把桑树枝放在水里进行一段时间的浸泡，然后剥去表面的深色表皮，把里层白色的树皮取出来，然后把这种白色的树皮放进加满水的大铁锅里面煮，一边煮一边搅动，一直到树皮被煮至软烂的时候再加入胡杨土碱。最后把煮熟的桑皮捞出来放在薄石板上，匠人会在石板前跪下，在自己的双腿上盖块布，举起柄短头长的木制榔头不断地砸向桑皮，一边砸一边翻一直把桑皮砸成泥饼，匠人接着会把其放入半埋在地下的木桶里。拿一根一头有小十字的木棒伸进木桶不住地搅拌。等桶内的桑皮浆被搅匀后，拿专用筛子把渣滓过滤，用木瓢舀出纸浆，将纸浆倒入模具里，用木棒不停地搅动，使纸浆能够均匀铺在模具之上。等到纸浆铺均匀时，把模具平端至阳光充足的地方进行晾晒，等模具上的纸浆晒干后，撕下来就是一张桑皮纸了。一般每 5 千克的桑树枝能够剥出 1 千克的桑树皮，1 千克的桑树皮能够做成 20 张桑皮纸。

桑皮纸在造纸业是不容忽视的一大成果，其还成了北京故宫大修时候特选的一种材料。

第三节　在青海“寻宝”

青海的名字源于其境内的青海湖，青海湖是我国最大的一个内陆咸水湖，古代时青海被称作西海、鲜水海和卑禾羌海，在六国时期才被改称为青海。由于青海省是黄河、长江、澜沧江的发源地，这里被称作“江河的源头”。

到了青海，你会鉴别真的昆仑玉吗？土族盘绣和藏族堆绣你更喜欢哪个？酥油花是花吗？就让我们带着这些疑问走近它吧！

青海昆仑玉

昆仑玉与和田玉都被称作软玉，昆仑玉主要产于昆仑山脉东侧邻近青海省的地界，因此也被称作青海玉。它具有细润的质地，油性好，透明度高，给人一种淡雅清爽之感。昆仑玉被细分为白玉、青玉、灰玉、糖包白、白带绿等，挑选上品昆仑玉主要观其是否无裂纹、无杂质，越是晶莹圆润、纯洁无瑕的越是上品好玉。

巍峨耸立的昆仑山，数千年流传出许多神话故事，这里孕育了神奇的土地，经历了多次的地质变化，地底岩浆互为作用，这里产生出许多不同类型的石类，尤其是昆仑玉石可谓是一种奇石，它是由一种神奇的矿物质形成的。

我国的古玉世界闻名，青海昆仑玉不仅细腻洁白而且质地坚密耐磨耐震，非常适合制成各类装饰品佩戴，由于新疆和田玉日渐稀少，青海昆仑玉的地位越来越重要。青海昆仑玉的诸多品种里面以白玉占主导地位，一些白玉甚至能与羊脂白玉相媲美；青海昆仑玉中有一种独有的玉种叫做翠白玉，这种玉很少单独产出，一般都是附着在白玉或青白玉的一侧，如今涌现出了许多优秀的玉器作品，像用青海昆仑玉制作而成的“代代封侯”、“高原精灵藏羚羊”、“硕果累累合家欢”、“人生如意”等作品都深受人们的青睐。从 20 世纪青海昆仑玉进入市场之后，其价格从最初的每千克 10 元已经升至现在的 1 万多元，青海昆仑玉的市场价值不容小视。

经研究发现，青海昆仑玉石中含有对人体极为有利的一些微量元素，像锌、硒、锰、铜、钴等，长期佩戴玉石的人身体能够吸收这些物质，可以祛病强身。

如今，中国玉器收藏非常盛行，成为仅次于瓷器与书画收藏的第三大收藏群体。收藏玉石的热点，主要是利用俏色或全色的产品为主，玉料资源具有不可再生性，玉雕作品具有唯一性，这些都使得越来越多的人把目光对准了玉器投资市场，人人都以能拥有奇玉为幸事，青海昆仑玉的收藏价值日益凸显，青海昆仑玉对于顺承历史文化、推动玉器经验交流做出了巨大的贡献。

土族盘绣

土族刺绣当中有一种特殊的绣法且只有土族人才会使用，绣工既复杂又巧妙，当地人称之为土族盘绣。这门民族刺绣艺术深深的蕴涵着古老的土族文化艺术，当地的土族妇女将这门技艺世代相传，尤其在青海的东部山区，盘绣是每位土族妇女必须掌握的手艺，因此土家妇女最擅长的就是这种绣法，她们作出的绣品相当的华美朴实。

土族刺绣据说有着上千年的历史，土族人民热爱唱歌跳舞，是一个爱美的民族，体现在土族的服饰文化当中就是一种叫做花袖衫的套袖了，土族花袖衫这种土族传统的服饰非常的引人注目，是当地一道美丽的风景，土族语将其叫做“秀苏”，这种套袖采用七种颜色的布或丝绸制成，五颜六色的花袖衫被爱美的土家姑娘缝在长衫之上，人们也把这些土家姑娘称作“穿彩虹衣衫的人”。这里的花袖衫事实上就是土族刺绣，反映出的正是土家盘绣技艺，盘绣的特殊之处就在操作方法上，这种绣法采用一根线盘，一根线订，一针两线的手法，针法细腻厚实，图案精美吉利，绣品耐用又好看。

土族盘绣十分的精美，具有紧凑大方、生动形象的特点，盘绣之前的选料很讲究，一般用黑色纯棉布当底料，再选取适当面料贴于其上，绣线的颜色鲜艳夺目，共有七种颜色，土族姑娘会将其进行协调的配色，加工得非常的细致，在针法上盘绣讲究运针均匀细密。土族刺绣针法也非常的特殊，共有三种针法：盘绣、堆绣和拉绣，土族姑娘在操针时首先会选取两根色彩相近的线，一针二线，一根是用作盘线的，另一根是缝线，盘绣双手直接操针，不需要绷架，绣者通常都是一手拿布料，一手拿针进行操针，盘线常被挂于右胸，缝线穿在针眼上，盘一针，缝一针，虽然浪费了不少工料，但织成的绣品由于华丽厚实更为经久耐用。

每件盘绣的绣品都可以被称作是一件相当精美的艺术品，有着很高的观赏与收藏价值。

塔尔寺酥油花

塔尔寺位于青海省西宁市，是我国藏传佛教的诞生之地，塔尔寺酥油花其实就是藏族的一门油塑技艺，酥油花被称作“花”但并不是真正的花，它是参照山林树木、飞禽走兽、佛祖神仙等组成各种故事情节，最终形成了一种较为完整的立体画面，其题材多样，内容丰富，酥油花是雕塑艺术当中的一种特殊表现形式，其造型特点和手法比较接近国外较为盛行的一些腊像艺术，只是不太适合长期进行保存。

相传酥油花最早的时候起源于西藏。公元 641 年的时候，文成公主与松赞干布完婚之时，一尊释迦牟尼佛像被带去供奉在大昭寺内，这尊佛像起初的时候并没有冠冕，宗喀巴学佛成功，就在佛像的头上加上了莲花形的护法牌子，还供奉了一束“酥油花”，而这正是酥油花的来历。由于塔尔寺就是宗喀巴的诞生之地，因此不久后酥油花被传往此地，并得到了弘扬与发展，到了明万历年间，这种油塑的技艺经塔尔寺被人们互相传承，当地艺人们不断精心研制，使得此门技艺提升至更高的艺术境界。塔尔寺从建造到现在有 600 多年历史，寺院的建筑恰好位于莲花山坡上，塔尔寺的殿宇建造的高低起伏，显得很是气派。大金瓦殿位于寺中心，是该寺的主建筑，非常的灿烂辉煌，与其他各殿建筑形成错落有致的布局，体现出集汉藏技术于一身的宏伟建筑群的独特风格，殿内的佛像造型显得非常的优美生动，栩栩如生的酥油花，墙上的壁画及堆绣被人们称作塔尔寺的艺术三绝。

酥油花主要采用酥油作原料进而制造出各种艺术精品，每到农历正月十五的时候，一些花架乐队常常会演奏出一些节奏缓稳、庄严肃穆的花架乐曲，渲染出一派宗教的气氛，随着闪耀的灯光，典雅含蓄的音乐当中，展示出了酥油花雕塑群体的各种姿态。其工艺之精巧，形象之逼真，色彩之绚丽，显得非常的栩栩如生，若是恰逢火树银花的元宵之夜，各地的游人争相观看此艺术奇观，无不连连惊叹。

长期以来，酥油花的技艺不断的改革与创新，内容更加丰富、题材也更为广泛，越来越多的酥油花作品赢得人们的喜爱，较为著名的代表作品像“唐僧取经”“白蛇传”“天女散花”、“天仙配”等，特别是大型酥油花作品“文成公主进藏”曾经轰动一时，这幅油塑歌颂汉藏民族大团结，画面是文成公主进藏的故事情节，整个历史画面制作得精巧细致，如神匠巧夺天工一般，令人叹为观止。

藏族堆绣

堆绣是采取填充的方法进行绣制成具有浮雕样视觉效果的一种绣品，因其产自青海省湟中县的塔尔寺当中因此得名“湟中堆绣”，堆绣与佛教的关系可谓是密不可分，有着一定的渊源，堆绣有着素雅的色泽、饱满的图形、逼真的形象、图案和形象具有强烈的对比性与立体效果。

堆绣其实就是早期的刺绣发展而来的，堆绣的绣品最早是在唐朝出现，明朝开始迅速的发展起来，传说乾隆的母亲就非常喜欢堆绣技艺，曾经带领宫女们绣制了许多堆绣作品。明朝的嘉靖年间自从塔尔寺建成以后，就有堆绣的艺人开始在寺院内学习堆绣，这种局面一直延续至今，寺内有一位藏族堆绣艺人叫做雪日尼玛，他是塔尔寺画院当中非常著名的画师，1910年的时候出生在湟中多巴，7岁开始进入塔尔寺为僧，1956年正月在塔尔寺观经会上，他曾经担任过花架的“掌尺”，在花架灯棚里供奉着的堆绣佳品像《班禅坐垫十八佛像》和《卓玛聂欠二十一化身》由他亲手制作而成；另外，庙内还有一位叫扎西尼玛的，1933年出生在青海，很小就入寺跟在雪日尼玛旁边学艺，其制作的堆绣作品非常的传神，造型甚是优美。堆绣代表着塔尔寺的一种佛教艺术，世代相传，被称作塔尔寺三绝之一。

塔尔寺堆绣作品的制作工艺非常精细，使用工具达几十种，选料精良，一般为质地薄且坚韧的丝织品为宜，以绢为主，其次就是绸，再次为缎，堆绣分为平面堆绣与立体堆绣，平面堆绣法也被称为平堆，加工时一边参照要绣的物体一边把事先修剪好的绸缎块，拼合并平贴于底衬之上，此过程中还要间或填充进羊毛或棉花等，之后进行修饰与渲染，使其产生较为立体的效果，平堆绣法具有画面均匀、色块较突出、装饰性感强等特点；立体堆绣又被叫做棱堆，采用将刺绣与浮雕互为结合的手法，先用布绸堆好样子，然后使用羊毛或棉花进行铺垫使其具有凸状感，棱堆的作品具有真实感和立体感，极具艺术魅力。

从 20 世纪 70 年代以后，塔尔寺的堆绣技艺陆续传到了民间，现在制作规模比较大的像当地的徐全熙、严佐鸿和乔应菊等人制作的堆绣作品非常的有名。堆绣作品以其艳丽的色彩，并生动活泼的造型刻画受到许多人的喜爱，许多堆绣作品还被作为珍品代代相传，许多堆绣作品已经被北京故宫博物院进行珍藏。

第四节　在陕西“寻宝”

陕西可以说是处于中国内陆腹地，这里是位于黄河中游与长江上游，由于恰好在陕州（现为河南省陕县）以西，因此被称作陕西。陕西历史很悠久，具有深厚的文化底蕴，在历史上陕西一直被简称为“秦”。

在陕西，物美价廉的蓝田玉，让人不可不得，戏人泥哨又叫泥叫叫实在好玩的不得了呢，各种民俗宝物让你甚是满足，你还可以在这个民俗风盛行的地区欣赏到安塞腰鼓、陕西剪纸、匠人用耀州窑烧制的瓷器等。

蓝田玉石

蓝田玉可以说是我国最早被开发利用的玉种之一，到现在已经有4000多年的历史，在战国时期，秦置蓝田县，由于玉之美者曰蓝，这里又盛产美玉，因此被称作蓝田。蓝田玉具有变色比较快的特点。

古代的一些达官显贵都视蓝田玉为宝物，秦始皇特别喜欢蓝田玉，曾让人将蓝田玉制作成玉玺使用，杨贵妃的玉带据说也是蓝田玉的。据说当年李隆基送给杨玉环的定情信物就是一块蓝田玉，因为蓝田玉的纹理结构就好像冰块被撕裂开一样，因此后人也常用杨玉环的小名芙蓉给这种玉命名，也有人称之为“冰花芙蓉玉”，形容这种玉就像出水芙蓉一样清丽脱俗，象征纯洁无瑕的爱情，肤色白皙的人非常适合佩戴这种玉饰。由于产自水眼附近，因此其被温泉水频繁冲刷，内部所含可溶性矿物质非常多，这也使得蓝田玉具有神奇美容养颜的功效，用蓝田玉泡水洗脸，能够保养皮肤，能美白、消炎、杀菌，因此很受女孩子们的青睐！

蓝田玉包括彩玉、翠玉、墨玉、汉白玉、黄玉等，大多都是一些色彩分明的多色玉，多以色泽较好、花纹奇特见长，根据近年勘测发现，蓝田玉的储量达到了100万立方米以上，而且其主要在玉川乡和红门寺乡分布较多。蓝田玉制成的玉器有股神韵横生的韵味，其翠色晶莹，就好像翠柏般，有的玉型状如牡丹或百花怒放的姿态；有的又宛若丹鹤飞翔，百鸟朝凤的神态；有的白如凝脂，有的绿若翡翠；有的又淡黄似金，这样千变万化、虚实相兼的产品，在自然美当中又平添些许情趣，深受广大消费者的一致好评，蓝田玉产品一直行销全国，远销欧美等国家，其工艺品都已经成为陕西地方的支柱产品，享誉中外。

旧时，当地的制玉匠人全凭人工进行采玉及加工，现今已经开始采用机械辅助加工，这也使得出品的蓝田玉种类更多，像玉砚、玉镯、玉杯、健身球等，一些玉石品还能隐隐现出天然山水之图案，让人惊叹不已，这种巧夺天工的工艺品不仅种类繁多且价钱适中，让人爱不释手。

西安戏人泥哨

戏人泥哨是西安市的一种特产，这种著名的民间泥玩具又被称作“泥叫叫”和“娃娃哨”。

泥哨题材新颖，花样较多，造型以形态各异的戏曲人物见长，西安的戏人泥哨以不断挖掘所塑人物或动物的神韵而极具韵味，小小的泥哨却非常的有吸引力，深受各地区人们的喜爱。

西安戏人泥哨主要出产于鱼化寨村与狄寨镇两个地方，据说，这种彩塑泥玩具最早出现于清末民初时期，现在，制作西安戏人泥哨的艺人越来越少了，这种泥哨的制作手艺面临失传的境地。

西安泥哨的造型大多取材自历史、戏剧、神话及现实中的人物等，在制作的时候，这些人物素材通通被做成了直立模样，造型无太大差别，主要通过人物的服装、道具、兵器、头饰等表现人物身份特征。比如刻画程咬金时着重表现其国公帽与斧头；薛平贵的人物刻画侧重其手中的马鞭和头上的风帽等。这些小小的西安泥哨通常都是成组出现，也有个别是零散的出现，人物造型多达上百种。泥哨的不仅有人物，还有各种动物造型，其神态甚是惹人喜爱，比如鸽子、燕子、鹰、青蛙、猴、乌龟等，有的偏重写实，有的偏重写意，有的居写意与写实两者之间，可是无论写实或者写意，总能将所塑造人物或动物的神态展现的淋漓尽致。

戏人泥哨这种民间小玩意已经收录在陕西省非物质文化遗产名录中，如今在西安钟楼附近的回民街或是大雁塔的广场上，仍会看到有推着小车叫卖戏人泥哨的，只是质量要好好看一下才行，但是作为旅游纪念品还是非常不错的。

陕西剪纸

陕西从南到北，处处皆能见到花花绿绿的剪纸，陕西剪纸被专家们称为“一种活化石”，它以形式多样、造型古朴见长，这些剪纸寓意深刻，甚至还传承了古老的一些图案纹样，比如人面狮身、人首鱼身、牛耕图、抓髻娃娃等，带有浓厚的民族气息与信仰。

据说孔圣人在教化天下的时候，唯独把陕北人给忽略了，因此陕北人不像关中人那样性情较中庸，个性表现的较为直爽。喜怒哀乐直接挂在脸上，但是陕北人更具创造力，使得这里的人制作的剪纸不仅仅局限于写实，更有新意，尤其是陕北安边、靖边和定边一带的剪纸风格颇为独特，细微处以小窥大，剪纸的刻画相当的精细，剪出的线甚至细如发丝般，据历史考证，这里以前曾是边关重镇，一些南方将领时常率领家眷镇守于此，使得这里的剪纸艺术也受到水乡文化的冲击，两种民间艺术的融和，最后就形成此地风格独特之陕西三边剪纸。

陕西剪纸形式非常的多样化，一是单色的剪纸，二是一些色纸拼贴而成的剪纸，三是点彩型的剪纸，四是渗染一类的剪纸，五是一些纸塑窗花等，六是一些剪纸熏样等。陕北剪纸大多都是以单色剪纸为主，造型较为质朴简洁、比较注重夸张与变形，主要以传承古老的审美情趣与造型观念为主，内容以花草动物为最常见。

在改革开放之后，陕西民间剪纸一度成为当地人们致富的产业，陕西一些剪纸手艺好的人开始在各个旅游景点、公共场所表演剪纸，剪纸的风潮甚是活跃，这些都大大地促进了剪纸艺术的发展。

安塞腰鼓

腰鼓属于一种打击乐器，形状中间略粗两端稍细，鼓长一般在34厘米左右，鼓面为皮，鼓框上装有铁环，用绸带可以将其悬挂于腰间，在演奏的时候双手各拿一鼓槌进行击打，击鼓者肢体有舞蹈动作。腰鼓分为鼓身与鼓皮，木制的鼓身形状好像木桶一样，鼓身常被涂上一层朱漆或者绘制有图案花纹等，两面鼓皮常采用牛皮、马皮或羊皮制成。安塞县被国家命名为腰鼓之乡，安塞腰鼓名扬天下。

陕北各地流传着一种民间鼓舞形式就是表演安塞腰鼓，这种舞蹈在陕西民间可谓是影响最大的一种舞蹈，尤其是在安塞县、榆林横山等经常见到这种表演形式，安塞腰鼓在表演的时候，表演者把背带挂在右肩上，腰上斜跨腰鼓，腰间扎上腰带，要注意腰带在打结的时候要系成活结，可以较为灵活的放下腰鼓，表演者双手各执一槌边跳边进行敲击，敲击的时候可以只敲击一侧的鼓面，也可同时对两端鼓面同时进行敲击。腰鼓发出的声音响亮又清脆，其没有固定的音高，鼓点分为很多种，像花点、碎点、单点、双点、边点、帮点等，在庆丰收、春节联欢会或迎宾等一些喜庆的场合常会用到安塞腰鼓。

腰鼓的大小不一，有好几种规格。大号的腰鼓，鼓长约为 38 厘米、鼓面直径约 20.5 厘米；二号腰鼓的鼓长一般在 33 厘米、鼓面直径约为 16 厘米；三号腰鼓的鼓长一般在 31 厘米、鼓面直径约为 14 厘米；四号腰鼓的鼓长一般在 26 厘米、鼓面直径约为 12 厘米。在鼓身的侧面各装有两个鼓环，鼓环上系的红绸布为鼓带。鼓棒有两根，长约 25 厘米左右，棒尾常会系上红绸穗进行装饰，小学生们用的鼓通常就是二号鼓或三号鼓。

安塞腰鼓经过长期的流传，逐渐形成了刚劲激昂，粗犷豪放，气势磅礴，剽悍威武，浑厚雄壮，铿锵有力，威猛刚烈，舞姿优美，流畅飘逸，潇洒大方，快收猛放，群而不乱，有张有弛，变化多端等特点。安塞腰鼓把武术、体操、舞蹈、打击乐、吹奏乐、民歌等融为一体。较为集中的表现出陕北人在夺取胜利与丰收后的那种快乐心情，表达了黄土高原人所特有的憨厚淳朴、开朗乐观的性格。

耀州窑陶器

耀州窑在现在陕西铜川市黄堡镇，唐宋时此处属于耀州管制，因此被人们叫做耀州窑，耀州窑在唐代的时候就已经开始烧陶瓷，早期主要烧制黑白釉、茶叶末釉及黑彩、褐彩和白釉绿彩等陶器；中期主要烧青瓷，北宋时耀州窑专门给朝廷烧造宫内用的“贡瓷”，后期（金、元）的时候才逐渐衰落直到元初。

在宋代晚期的时候，耀州窑主要烧制青瓷为主，青瓷的胎比较薄质却坚，釉面非常的匀静光洁，青幽幽的色泽，呈现半透明的样子，非常的淡雅。装饰上以刻花、印花为主，结构非常的严谨，线条也非常的自由流畅。青瓷的内外常会布满了纹饰，各种各样的图案极其生动自然，像莲花、牡丹、菊花、龙凤、鱼、鸭等，青瓷的风格非常的粗放健美。器形上也分很多种，像罐、壶、碗、盘、瓶、香炉、香熏、盏托、钵等。

唐和五代的时候烧制的瓷器胎质比较松，呈灰色，釉质失去了透亮感觉，有乳浊之感；宋代的青瓷胎体比较薄，胎色一般呈现灰褐或灰紫的颜色，釉质比较的莹润透明，釉色大多呈现青绿色，有点像橄榄，釉薄的地方呈现姜黄色；金、元的时候胎质比较粗，胎色一般呈现浅灰或灰色，釉面大多都为姜黄色，青色的比较少，釉质簿不润泽，装饰手法上主要是刻花和印花，刻花非常的精美，刀法上也相当的刚劲有力，立体感非常强。在装饰上纹饰也算是丰富多彩，纹样通常为动物、人物、花卉和图案等。整体上看纹饰的话，五代以前的都比较的古朴大方；宋代得时候较为丰富多样，技艺较为精湛，显得相当的出类拔萃；金元时期的要相对简单一些。

耀州窑烧制的瓷器，其传统工艺主要就是原料的成分与加工方面，一件制品完成往往需要经过 17 道工序，每道工序都有各自相应的一些技术要求，能够掌握其中相关技艺的人被大家称为“匠人”。

第五节　在甘肃“寻宝”

甘肃省的名称是其源于甘州（现在的张掖）与肃州（现在的酒泉）才得此名，甘肃正好位于黄河的上游位置，这里也是古代的丝绸之路的要道，其地理位置与蒙古国相邻，属黄金地段，甘肃就像一块宝玉镶嵌在我国的黄土高原之上。

在甘肃这块土地上居然会收获这样多的宝贝，实在令人兴奋不已，酒泉夜光杯、保安族腰刀、庆阳香包、兰州水烟、天水雕漆、洮砚……

酒泉夜光杯

酒泉夜光杯是一种非常名贵的饮酒器皿，在我国有着非常久远的历史，是一种传统的工艺品。这种酒杯采用了祁连山产的酒泉玉石，经过很多工序精心研磨而成，质地非常的细腻，带有天然的纹理，光滑且透明，杯壁像蛋壳一样的薄，色泽上有脆绿、墨绿、鹅黄一级羊脂白等，在月光之下，这种酒杯能够闪闪发亮，因此得名酒泉夜光杯，这种神奇的夜光杯还具有耐高温抗冷冻的特点，而且酒泉夜光杯盛酒，酒味更加味美香醇，历代的名人更是留下许多佳句赞誉此杯，这些都使得夜光杯盛誉远扬。

传说，在公元前 7 世纪周穆王当政时期，西域某小国为求和平共处，所以上朝送礼，第一年，西域使节带着产自当地的和田玉前来拜见，周穆王见到后龙颜大悦，设宴对其盛情款待。第二年，使节还是依法炮制，继续进献玉石，这次周穆王的反应就冷淡下来了。使节回去后向西域国王反映了这一情形，他们就商量着如何能够讨周穆王欢心，此时就有人提议把玉石做成酒器送给周穆王，周穆王又喜欢饮酒，用上等的玉石做成酒器一定会让周穆王高兴不已，果然第三年的时候，西域使节带着晶莹剔透、薄如蝉翼的酒器送至周穆王面前时，周穆王特别的高兴，夜光杯也由此而得名，要说明一点，夜光杯自己不会发光，需要借助外部的光才能产生奇异的发光效果。

酒泉夜光杯必须用祁连山的玉石进行雕琢才能够制成，生产夜光杯需要 20 多道工序：像钻棒、切削、掏膛、冲碾、细磨、抛光、烫蜡等。酒泉夜光杯这种精美的饮酒器皿成为了我国久负盛名的一种传统手工艺品，现在，成套组合的夜光杯酒具更是受到越来越多人的青睐，甚至早已成为传递盛情的一种友谊之杯，这种自古就极负盛名的酒泉夜光杯，被称作中华一绝。

酒泉夜光杯，成了生活中送礼的佳品，饮酒时的珍贵器皿，特别是其独特的雕琢工艺成为我们引以为傲的一种宝贵文化遗产，国务院把该项遗产列入了第一批国家级非物质文化遗产名录，国家文化部将肃州区的李洪斌确定为该文化遗产项目的传承人。

天水雕漆

在中国雕漆工艺中有一种工艺可谓出类拔萃，指的正是天水雕漆这门技艺。天水漆雕是我国很古老的一种雕漆工艺，图案较为古朴端庄，造型也甚是绝妙，由于天水雕漆工艺精湛，选料严谨，最后形成的漆面极为光亮，漆质较为坚硬，能耐高温耐酸碱，既有观赏价值又较为实用。因此这种雕漆工艺一直都广受好评。

天水雕漆既继承了古代雕漆的传统技艺，又吸取了雕塑、绘画当中的营养，经过匠人不断的细心切磋，创造出了富有自己特点的一些雕漆产品，这些雕漆产品既大方又雅致，表现出了西北较为“浑厚”的风格，其使用的装饰方法大多都是一些石刻进行镶嵌而成，采用五光十色的石料或者象牙、玉石等雕刻成花鸟、人物、走兽、文物等，然后将其镶嵌于围屏或桌面的上面，经常会交替运用镶银、贴金、印锦、胎花、描金、彩绘等方法显得很有立体感，另外，也有一些雕漆产品使用彩漆屏绘或雕填，彩漆屏绘就是直接在漆面上着以工笔重彩画，虽然生漆的黏度比较大，但画起来的时候就像运用毛笔般非常的流畅；雕填就是在漆面上雕刻出图案来再用配有颜料的漆进行填补，二者可谓是天衣无缝，不管采用何种装饰方法，都讲究布局满满为宜。雕漆的生产周期非常的长，最快的也需要差不多四个月的时间，有的甚至需要一年多的时间。

天水雕漆能够成为珍品，主要是因为其每件成品都是需要经过匠人的尽心苦做才完成的。雕漆器具种类很多，小的像手杖、茶盘、烟具、小圆桌、小凳、挂盘，大的像花瓶、茶几、躺椅、沙发、古式书架、家具、餐桌椅等非常的齐全。尤其是屏风极具特色，像《八仙过海》《九天玄九》《群仙祝寿图》《松鹤延年》《巡天图》《花好月圆》等 200 多种，远销至欧美、日本与东南亚等 37 个国家与地区。

洮　砚

洮砚的全称叫做“洮河石砚”或“洮河绿石”。由于砚材产自洮河，洮河又是古代的洮州，因此将“洮河石砚”简称为“洮砚”，它和广东端砚、安徽歙砚一起被称为中国的三大石质名砚，洮砚制作时所需要的原料洮河绿石产于甘肃南部洮河中游卓尼县喇嘛崖一带的峡谷中。

洮砚的生产已经有1300多年的历史了，其特点就是，石色碧绿、质坚而细、扣之无声、发墨快却不伤笔毫、储墨久不容易干等，洮砚在历史上被宫廷视为珍品，历代的文人、学者更是钟情于它。

制作洮砚的洮石有很多种，一是鸭头绿的，也被叫做“绿漪石”，绿色的石头上面满是水波状纹路，石质比较坚细，莹润如玉，在洮石当中算是比较难得的上品，尤其是一些绿色纹路当中夹杂些许黄色的更加名贵；二是鹦鹉绿的，深绿底色的石质非常的细润，特别是带有深色“湔墨点”的最被看好；三是柳叶青，绿色之中带有朱砂点，石质比较的坚硬；四是淡绿色的洮石，这种石材渗水比较缓慢，石雕通常都是以砚雕为主，并雕刻上一些立体的山水人物、香庐等。对砚盖的款式砚工也非常的重视，盖面上常会见到名家诗词等，这些装饰由图案与文等组成，目的是为了突出主题的图案，其次就是使其搭配的更为协调，雕刻的素材内容也比较的广泛，像山水人物、花鸟鱼虫等，雕刻技术与使用法常会吸收玉雕、牙雕、砖雕、木雕等多种技法，浮雕与透雕是其中的一种基本技法，浮雕则是在平面上雕上一些隆起的物体，刀法方面也是由浅入深逐步的进行雕刻，最终形成栩栩如生的观感，透雕则是以浮雕为基础进行镂空雕，以求达到较为强烈的整体感。一件台砚从设计一直到雕琢完工，往往都倾注了砚工艺人的全部心血，工序非常的复杂：首先选择石料确定砚台的大小，然后勾画出砚台的款式、图案等，再按照先粗后细、由外至里的程序非常精细的进行雕刻。砚台由三大部分墨池、水池和盖构成，每一处都需要细细雕琢，砚工更加看重图案的整体布局，倾心打造具有艺术美的洮砚砚台，使其在具有实用价值的同时仍不乏艺术观赏之魅力。

洮砚在图案方面较多采用谐音寓意图、宗教饰物图和龙凤图等经典图案，也有民间流行的传统图案像二龙戏珠、福寿延年、岁寒三友、文成公主、亭台楼阁等，丰富的图案使得洮砚更显华贵，这些工艺精良的洮砚受到许多收藏家与文人学者的热烈追捧。

兰州水烟

兰州水烟还被人们叫做九叶芙香草，属于黄花烟种。兰州水烟分为3种：青、黄、绵。青烟较为碧绿，内显纯白的颜色，色亮并且味香、叶厚油分也很足，品质要比黄、绵二种烟草高。

兰州生产水烟在明清、中华民国的时候非常的盛行，到现在已经有300余年的历史了。据说在三国的时候有位隐士叫做孟节，他给诸葛亮献烟草，称这种烟草能够治疗瘴气患者，后来诸葛亮在六出祁山之时，顺便将这些烟草带到了甘肃的许多地方，于是像兰州、靖远、永靖等都种植起了烟草，其中获得声誉最高的是兰州种植的水烟，由于地处黄河沿岸的兰州倚山傍水，那里的土层非常深厚，土壤呈淡栗色的粉砂质，含有非常利于水烟生长的丰富钾元素与石灰质，这里所产的水烟不论丝、色、味都堪称质量最佳，从此兰州水烟得以远近闻名，受到无数人的赞誉。

兰州水烟根据烟叶的品质，采用不一样的配方，能够制成绿、黄、麻3种水烟，其中绿水烟的质量最好。主料为青烟，配料像碌石末子、胡麻油、紫花、槐花、白矾、香料、冰片、薄荷、川芎、当归、麝香、苍术等，这种水烟里含有较多的滋补药料，能够消瘴耐寒、顺气提神、预防虫蛇等咬伤，在较为阴湿的地区及江河海岸的人民来说是必不可少的一种“神药”。兰州水烟的制作过程就是：把去掉茎根的宽大肥厚的翠绿烟叶阴干，与槐花、紫花、碱、白矾、石膏等材料混合在一起进行蒸煮，放入食盐、清油、姜黄，加入薄荷、川芎、当归、香草、苍术、冰片、跨香等混合搅拌，接着将其制作成烟墩，每个烟墩为一米左右，再进行人工推丝与刨丝，最后放入事先准备好的模具内压成小方块，至此就可以进行包装销售了，由于制作工艺有所不同，兰州水烟通常又被分作三种类型：青、黄、绵烟，按照质量的差别，兰州水烟在过去的时候被分作“甘”、“肃”、“合”、“作”四个等级，如今一些新“兰”字牌水烟，凭借其以色香味形都比起以前有一定的提升，因此被誉做烟中的“王牌”。

一直以来，兰州水烟都深受人们喜爱，兰州水烟叶厚油量足，制成品色、香、味都很棒，而且水烟还具有防虫蚊叮咬、消瘴耐寒等奇效，尤其是在江南地区，农民经常要下到水田里耕种，由于地气过于潮湿，人们很容易感觉潮湿染病，这时吸食水烟就能缓解这些问题的出现，而且人们一旦被有毒的动物像蛇、蝎之类咬伤的时候，水烟当中含有的盐基性物质阿摩尼亚、尼古丁等可以化解毒素，具有神奇的效用。

庆阳香包

庆阳香包是庆阳地区一种民俗小物件，也被叫做“绌绌”，参照事先剪好的图样，庆阳人在丝绸布料上用彩线绣出各种样式的图案，并将其缝制成生动的立体造型，内芯会专门塞入一些丝棉和香料，制作完成的庆阳香包看上去既精致又漂亮，还带有香草味，人们亲切地称它为荷包，当地民间还有种叫法为“耍活子”，其寓意为吉祥如意，祈福祝愿，祛病保平安之意。

庆阳香包据说早在公元前2000多年左右就已经出现了，每逢端午节庆阳地区时兴佩戴“绌绌”的风俗一直顺延至今。歧伯是《黄帝内经》的作者，他曾携一药袋专门进行防疫驱瘟、禁蛇毒，也是他最先开创了“薰蒸法”。由于歧伯出生于庆阳，因此这种方法在当地就渐渐成为一种习俗，而且世代不断流传。草药被称作“香草”，药袋就被称为“香包”或是“绌绌”。在《黄帝内经》当中就记载有相关香包的事宜，庆阳现存的最古老的香包据说已经有800年以上的历史了。

庆阳香包是一种纯手工艺制品，立体的造型与平面刺绣互相融合，构型非常的质朴简单，按制作技艺被分成四大类型：“绌绌”类、线盘类、立体刺绣类和平面刺绣类。庆阳香包也叫做藏针绣，在缝制的时候要求隐藏针脚，因此当地的香包很难看到针线外露的现象，其在制作时需要构思、选料、裁剪、装物等。采用立体刺绣制作的庆阳香包种类有近400种样式，香包制作追求神似；平面刺绣类的香包讲求敦厚凝重的风格，制作上采取掇绣、破线绣、合线绣等方法。还有一类线盘类庆阳香包，运用各色缠绕成五角菱形的形状，看上去就像粽子的形状，制作过程包括折纸壳、配色线、盘线成型、成果等。

各式各样的庆阳香包林林总总，有佩戴于身上的，有悬挂于门庭的，有馈赠亲朋好友的等，由于其具有祥和平安的寓意，深得各地游客的喜爱。庆阳香包是世代相传的一门传统工艺，如今的传承代表人物有李秀娥、贺梅英等人。

保安族腰刀

甘肃产的保安族腰刀非常有名气，其知名度与藏刀、蒙古刀不相上下，保安族腰刀装潢考究，工艺精湛，不仅是一件生活用具，而且是一种极具装饰效果的工艺礼品。

关于保安族腰刀有这样一个传奇故事。传说，南宋时期，在宋军驻守的城门外，保安族铁匠开起了一家铁匠铺，那时，中国正处于多个政权并存的时期，战争连年不断，宋军不允许铁匠铺开在城门口，因此驱赶铁匠换地方，铁匠非常不满就与宋军理论，继而就打了起来，铁匠打瞎了宋兵军官的眼睛后开始骑马逃跑，后来在蒙军驻守的城门口开了家铁匠铺，结果铁匠铺生意非常好，元朝将其编入军户让其专门打制兵器之类，后来元朝军队在保安长期定居，这里的铁匠也把手艺代代相传下来。

保安族腰刀制作工序多达 80 多道，传统的工艺甚是复杂，需要反复的锻打铁具，加钢淬火而成，制成的保安族腰刀刀刃无比锋利。制作一个简单的刀柄，往往就要事先对各种备用材料如红铜丝、黄铜片、白铁丝、塑料、牛角等分别进行抛光打磨，接着将这些材料相互叠合巧妙地胶铆于刀把之上，并且雕刻上生动传神的图案花纹进行装饰，整个刀柄给人以美丽夺目之感，仿若彩锦一般；保安族腰刀的刀面上常刻有像五朵梅、七颗星、一条龙等图纹进行装饰；刀鞘也是铁鞘铜箍等制作而成，式样非常美观。

如今，保安族腰刀更多的被人们当地工艺礼品进行珍藏。西北各族人民非常喜爱保安族腰刀，在阿拉伯国家也很受欢迎。

淘宝中国

To Search rare treasure in China

第六章 觅宝西南

西南是长江与黄河的发源地，由于历史比较悠久，自然资源也很丰富，各民族之间团结友好。西南各地区都有各自的特色，但同属一个区域，因此文化上较为一致，经济上紧密联系。

四川盆地被群山所环绕，物产也特别的丰富，特别是成都平原，一直都有天府之国的美称。直爽幽默的川人见地也比较独特，这里的人都有着丰富的民间智慧，川妹子的手艺非常的了得，也个个聪明能干。四川与重庆其实最初是一体的，重庆古代的时候被称作巴国，与川人相比又具有独特之处，性格较为豪放，就好似重庆的火锅一样既麻又辣。

当你迈进贵州的一瞬间，就感觉像是进入了山城，贵阳就被群山所包围着，当地的山民们虽然过得比较简单，但是也非常悠闲，这里的气候冬暖夏凉，是避寒避暑的极好去处。贵阳城内还是比较繁华的，具备现代都市的风情。

西南三省之中的云南境内风光奇丽，美丽的昆明是一座宜居的城市，而且去过此地的人，念念不忘大理的苍山洱海，路南的石林，古城丽江及带有热带风情的西双版纳。

云南是少数民族最多的一个省份，各个民族又有着各自独特的文化，在大理等地，很多外国人到了这里贪恋这里的景致而停留了下来，后来逐渐就形成了一条洋人街。依靠得天独厚的自然条件优势与人文历史，云南成为颇有魅力的旅游省份，不过云南独特的旅游价值也是以其封闭性作为代价的，相比贵州人与四川人，云南人更加满足于自己的那个世界，几乎很少出外打拼，这也是很少在外地看到云南人的原因。云南虽然开发得比较晚，却也人才辈出，像古代七下西洋的著名人物郑和，近代的像音乐家聂耳与哲学家艾思奇等。

怎样更好地了解西南各地区的风土人情，怎样去找寻这里各地区最好的宝物呢？本章将为你觅宝西南提供简洁、完整而且清晰的全貌。

第一节　在四川“寻宝”

四川位于长江的上游地区，其名字起源于两宋时期的益、梓、利、夔“川峡四路”的简称，四川这个天府之国是一个人杰地灵，有着悠久历史的地方。

到了四川到处可见工艺精巧的竹工艺品，原汁原味的蜀锦、蜀绣等让你不得不叹服川妹子的手艺，你还可以亲眼目睹夹江竹纸的制作工艺，这些难得的手工艺制品怎能不收藏呢。

瓷胎竹编

四川的卤漆制品历史黝长的悠久，卤漆制品主要以雕花嵌彩独具特色，由于其清雅瑰丽，古色古香，一直备受人们喜爱，尤其是近年来创新出来的一些工艺，像透明隐花、银花嵌花、螺细镶花和印花、变图等新工艺，使得产品看起来更加的光彩夺目。瓷胎竹编是四川当地的一种竹编制品，在瓷器的外围采用千百根细如发、软如绵的竹丝均匀地编织而成的一种工艺品。

据记载，成都的瓷胎竹编产生于百多年前的时候。清光绪初年，在四川成都崇庆县有一些竹编艺人，他们对原有的竹编技艺上加以革新，专门创制出了一种瓷胎竹编的工艺，采用卤漆类的制品当作底胎，然后用竹丝依照胎形编织成一件件的漆胎工艺品，并逐渐的发展成为锡胎，进而又慢慢演变成瓷胎。瓷胎竹编能够把竹丝与瓷胎巧妙的融合为一体，编制成型的竹编天衣无缝，竹丝的清雅莹润与名瓷的洁白如雪完美的搭配在一起，相映成趣。在十九世纪末的时候，瓷胎竹编就曾经被清政府送往巴拿马万国博览会参加展览，当时后瓷胎竹编获得殊荣，被外媒称为——美丽的东方艺术之花。

四川盆地比较适和进行竹林的生长，因此农家一般都学会了采用竹编制做家里的农具以及生活用具等，四川的漆器品种主要有：木胎、麻布脱胎、纸胎、塑胎和金属胎等，造型个个美观大方、制作工艺相当精巧，漆面则透明如水，如镜般光亮。考古专家发现，各地遗址出土了不少的竹器，显然从古至今，四川各地竹器和竹工艺品早就已经开始出现。

蜀笺

蜀笺其实就是古代时候四川成都出产的一种诗笺，这种诗笺采用木刻进行彩印、图文兼备。唐朝时，蜀笺与当时全国闻名的蜀纸都很有名气。浣花溪上自古以来就是成都造纸制笺的历史文化中心，当时浣花溪的人们几乎家家都制作彩笺，由于制造出来的蜀笺表面光滑，甚至被当时的文人称做玉笺，那时候文人都喜欢写诗吟对，因此蜀笺生意非常的红火，从另一方面来说，蜀笺对于诗书画等文化的发展起到了极大的推动作用。

笺，在成都古代是非常有名的一种加工纸，主要供古人题诗和写信使用。到了唐代，成都笺纸成为越来越有名气的纸张，在唐代所有的笺纸中，最有名气的是薛涛笺。在成都浣花溪畔，女诗人薛涛居住在此多年，其爱好写些小诗，由于觉得一般纸张的尺幅太大了些“乃命匠人狭小为之，蜀中才子既以为便，后裁诸笺亦如是，特名曰‘薛涛笺’”。大概由于薛涛是女性，比较喜爱用红色，加之传说当中红色是被芙蓉花汁染成的，因此红色小笺就备受人们推崇，成了薛涛笺甚至整个蜀笺的代表，自此以后代代仿制，经久不衰。元末时期，有一支农民起义军攻下了重庆，占据了四川，首领听说成都人陆子良能制造薛涛笺，手艺相当了得，于是就在成都浣花溪畔设了一家笺局，专门邀请陆子良总管笺局的事情，主要负责造笺。其后，明代蜀王府每年的三月三日都要求造24幅笺，并精选出16幅送至宫内，奉送给皇上。

作为历史传统名笺的成都蜀笺是四川人民的骄傲，蜀笺在中国的历史当中占有绝对的主宰地位，其种类非常繁多，颜色也异常丰富，是一种值得珍藏的美妙纸品。

蜀 绣

蜀绣又被称作“川绣”，主要是以四川成都为中心的刺绣品的一种统称，是中国四大名绣之一，蜀绣主要产于四川成都、绵阳等地方。与苏绣、湘绣、粤绣等齐名。

川西民间很早以前就出现了蜀绣，也许是受到多种因素如风俗习惯、地理环境及文化艺术等方面的影响，逐渐的形成了色彩明快、光亮平整、严谨细腻、浑厚圆润的特殊风格。蜀绣与蜀锦都是古蜀时期先人的智慧与创造，据书中记载，蜀国时期的人们已经开始养殖桑蚕，到了汉末三国的时候，蜀锦蜀绣就已经开始名扬天下，作为一种较为珍贵的丝织品，蜀国经常用这些蜀绣与他国进行交换获得北方的战马或其他物资，因此蜀绣成为蜀国主要的经济支柱，唐代末期的时候，南诏攻进成都掠夺了大量的金银、蜀锦、蜀绣，还大量劫掠制作蜀锦蜀绣的工匠，将这种工艺视为奇珍异物，到了宋代的时候，蜀绣已经非常的兴盛，成都自然地理条件优越比较适合生产丝帛，一直以来蜀锦蜀绣的制作生产可以说是“冠于天下”。

蜀绣的制作工艺十分精湛，其制品在选材的时候主要以软缎和彩丝为主要原料。绣刺技法非常的独特，绣技手法一共有近百种之多，有线条绣、双面绣、衣锦纹满绣等种类很多，绣法灵活多变，选材比较广泛，一般绣品选取的面料基本上像绢、纱、绸、缎、绉等即可。有时根据绣品的需要，制作程序、配色及用线等也会随之发生改变。其特点是：平顺光亮的线法、整齐的针脚、严谨的施针、柔和的掺色、生动异常、虚实得当，每件蜀绣都展示出这种极为独到的技艺，据统计， 蜀绣的针法差不多有12大类122种，常用的针法像滚针、晕针、截针、铺针、盖针、沙针、掺针等。蜀绣常使用晕针表现绣品质感，着重体现绣物光、色、形等特征，绣物显得栩栩如生，像敏捷的动物、秀美的人物、壮丽的山川、多姿的花鸟、憨态的熊猫等。

在如今的绣品当中，既有巨幅的条屏，也有袖珍的小件；既有一些高精的欣赏名品，也有一些普通的日用消费品。在北京人民大会堂内就悬挂着许多蜀绣中的代表作，像《蜀宫乐女演乐图》、《芙蓉鲤鱼》、《大小熊猫》、《水草鲤鱼》等。蜀绣源自民间，带有浓郁的地方特色，每一件蜀绣作品都寓意着当地人民对美的追求及对美好生活的渴望。

蜀 锦

蜀锦以其悠久的历史、独特的工艺位居我国四大名锦之首。蜀锦织造业从汉朝起就已相当发达，为此朝廷还在成都城内任命了一些官员专职负责织锦业，当时成都也被叫做“锦官城”，简称“锦城”。在成都城外有一条锦江，也是当年洗濯蜀锦获得的称号。

从汉代到三国蜀郡（如今的四川成都）时期的织锦，多以经向彩条为基础，并在彩条上添花进行装点，图案繁华、织纹精细，配色典雅，具有独特的民族特色与地方风格。蜀锦的质地以坚韧丰满见长，纹样秀丽，唐代蜀锦的图案类型就特别的丰富。唐朝末年，更是出现了一批新兴图案像长安竹、天下乐、方胜、宜男、八答晕、狮团等。到了宋元时期，开始发展起了一种纬起花的纬锦，这种纬锦的纹样图案有许多，像盘球、庆丰年锦、翠池狮子、灯花锦、云雀，以及百花孔雀、瑞草云鹤、宜男百花、如意牡丹等。到了明代末年的时候，蜀锦受到了摧残，一直到清代才恢复生产，这一时期的纹样图案包括葡萄、石榴、梅、竹、牡丹等。

蜀锦有很多品种，较为传统些的像方锦、语丝锦、铺地锦、彩晕锦、散花锦、浣花锦、民族锦等。其中方锦特点就是缎地纬浮花，在较为单调的底色之上辅以彩色经纬线装饰，方格内以花纹图案装点；语丝锦具有明亮对比的视觉特点，配以各种花纹图案，给人烘云托月的艺术美感，图案大多较为丰富多彩；铺地锦又被称作“锦上添花”，主要特点就是层次分明，让人感觉格外的富丽堂皇；彩晕锦的特点就是织纹互相掩映，明暗互相匹配，层次分明，主要采用色晕过渡，花纹显得甚是绚丽多彩，看起来别具一格；而散花锦是锦布上布满花纹，具有浓郁的地方色彩与民族风格；浣花锦也叫花锦，主要由古代名锦“落花流水锦”发展而来，纹样图案不仅简练古朴而且典雅大方；民族锦通常是采用多色彩条嵌入金银丝最后织成的，经常被用在民族服饰上，它的特点就是锦面图案富有光泽。

古蜀锦是一种原汁原味的蜀锦，在成都蜀锦工艺品厂都是采用传统的蜀锦工艺采取机械化进行生产的，产量相当的有限，产品品种也极其有限，产品的开发时间比较长，少的要数月，多的需要数年，基本不适合进行批量生产，也不适合个性化定制，可是作品相当的精美绝伦，由于很少面市，因此具有很好的收藏价值。

夹江竹纸

夹江的环境非常适合竹类生长，从唐代的时候当地就已经开始用“竹料手工造纸”，竹纸制作技艺在明朝的时候开始兴起，清朝的时候日益兴盛起来，从唐代以后，人们把夹江称作“蜀纸之乡”，夹江所产的手工纸一直以质量佳、品种多、技术精、规模大、历史悠久而著名。

清代康熙年间，夹江的手工纸成为一种贡纸被进贡给朝廷，乾隆年间的时候，夹江纸作为考场专用文闱卷纸被进贡给朝廷。夹江竹纸制作时从选料到成纸工序颇为繁多，需要15个环节72道工序，生产流程与明代《天工开物》所记载的工序基本一致，讲究用料，生产工艺也比较复杂，特别是“操纸”环节，操纸师傅哪怕是极为细小的动作都有可能影响纸质的成败，技艺高超的一些匠人师傅可以连操数百张纸，并且纤维的排列、纸张的厚薄、沁润的速度、抗拉能力等方面都能够完全一致。夹江手工书画纸一般都是用嫩竹作为主料生产出来，其特点是浸润保墨、洁白柔软、绵韧平整、纤维细腻等，被大家称赞为“淡画不灰、淡泼浓、浓泼淡、诗有烟霞气，书兼龙虎姿”，夹江手工书画纸与安徽宣纸齐名，国画大师张大千先生称赞这两种纸是“国之二宝”。

夹江竹纸这种竹纸制作技艺是我国造纸术的智慧化身，明代有位叫做宋应星的文人在其著作《天工开物·杀青》中，记载了闽赣交界山区旧时的造竹纸过程，记录得非常详细到位，这也使得夹江竹纸的制作工艺一直被保存至今。夹江竹纸以其特殊的技艺技巧，成为夹江人引以为豪的当地特色文化，也丰富了我国的造纸术。

第二节　在云南“寻宝”

云南省处在我国的西南边陲，省会昆明四季如春。在古时候，这里曾是滇族部落的天下。云南之意，有被称作是“彩云之南”的说法，另一说法认为是其位于“云岭之南”的原因才得名的。

到云南，你就有福了，这里的民俗宝物实在让你眼花缭乱，下面介绍一些值得把玩和收藏的宝贝给大家：户撒刀、东巴画、芦笙、扎染布，当然还有漂亮的民族服饰。

纳西族东巴画

东巴画是纳西族的一种绘画艺术，蕴涵着极为丰富的文化内涵，起因就是纳西族人民在举行一些仪式的时候，常会画上一些佛神、动植物及妖魔鬼怪等形象，然后对其顶礼膜拜，由于纳西族人各种绘画都是为了更好地为各种宗教活动服务，东巴又是当地宗教的一种称谓，泛指祭司，其意为“智者”，因此就有了东巴画的叫法。东巴绘画具有美丽的色彩和优美的线条。

东巴绘画是在一些东巴纸、木片或麻布上进行绘画，描画之时运用竹笔蘸上松烟墨勾画整体的造型轮廓，随后会敷以所需的各种自然颜色，这样绘制而成的东巴画非常绚烂多彩，而且即使放上数百年画面依旧不会褪色。东巴画绘画时选取的形象常常都是一些具有强烈原始意味的图形，东巴画较看重的是用笔的线条，并不看重事物外部之形体比例关系，其色彩多使用原色，倒也显得朴实生动，妙趣横生，而且大部分画面既能够写字又可以进行绘画，完全保留了象形文字的书写特点，称得上是人类原始绘画艺术上一块典型的“活化石”。

东巴画的画法总体上主要被分成两大种类：一种是主要保留有原始的古朴画法；比如木牌画、东巴画谱等一类的画使用竹笔单线进行描画，用自然颜料进行平涂。这种画造型古朴，质朴略显稚拙，多采用简练概括但善于变化的线条进行表现，具有刚柔相济的特点。另一种画法是将汉、藏民族的画法相结合；比如神路图、一些卷轴画、纸牌画等。这类画运用毛笔进行绘制，采用矿物质颜料进行渲染，巧妙地融合了传统画风和外来精细画风，最终产生出粗细有致的艺术风格，这种画法构图更为严谨，画面繁实，层次也更加分明，配色凸显富丽堂皇，线条极为工整，造型把握的很是准确，这种技术现在仍在不断的向前发展。

东巴画的题材很多都是在参考了东巴经以后获得灵感，画面当中会出现不同种类的人物形象、花鸟虫鱼、风景树木、神灵鬼魅等，特别是经过精工彩绘之后效果极为逼真，东巴绘画艺术融合了象形文字的一些艺术品特性，完美的诠释出纳西族的绘画风格。因时、因地、因人而异，东巴画的绘画手法比较灵活，风格也比较为多样化。

现如今，东巴画已经被列入国家级非物质文化遗产名录。纳西族人将宗教意识与现实生活相融合绘制成的东巴画，极富有创意，具有较高的文化和艺术研究价值。

阿昌族户撒刀

阿昌族户撒刀的锻制技艺在最初的时候是从云南省户撒乡那里流传下来的，主要集中在当地6个村子里：潘乐、户早、隆光、相姐、明社与曼炳，由于陇川县户撒乡其实主要是一些阿昌族聚居在此而得名的，因此户撒刀也被称作阿昌刀。

打制刀具在阿昌族已经有600多年的历史了，在唐代时期阿昌族人就已经开始锻造铁器，这些铁匠们懂得如何才能锻造出各种不同功用的铁器，到了明代以后，阿昌族人还在当地建立了专门冶炼兵器的“兵工厂”，他们潜心研究汉族制造兵器的技术，勤奋好学的阿昌族人还在此基础上不断加入自己的特殊技艺，这时形成了工艺独特的户撒刀技艺，从此，这门手艺不断的发展更新，清末之时当地制作户撒刀就已经相当纯熟，中华民国以后更为兴盛，户撒刀是阿昌族人智慧的结晶，打制出的户撒刀削铁如泥，配上采用皮、银、木等材料制作的刀鞘颇为精致。

户撒刀制作的过程需要经过10道工序：下料——制坯——打样——修磨——饰叶——淬火——刨光——做柄——制带——组装，制刀采用的辅助工具有火炉、木制风箱、铁枕、锤、钳等，制刀所用的钢材要求必须选用产自保山、腾冲一带的才行。尤其是对于淬火环节要求很严格，淬火技术非常重要，最终刀剑质量的好坏，与淬火技术的高低有很大关系。由于在热处理状态时，刀叶的硬度与韧性会发生极大的变化，此时也是不断锻打的最佳时机，将钢材在炉火中持续不断的加热、锻打、刮磨直至最后形成刀坯，最后蘸水淬火就大功告成了，户撒刀中还有一种背刀，制作的时候蘸水后还要涂上香油回火数次，才能最终锻打成形。工匠们还喜欢在刀柄上精心地进行装饰，甚至在刀鞘上刻上像“东方日出”、“猛虎出山”、“龙飞凤舞”等字，经过这些雕琢，一件精美的刀具就摆在了众人的面前。

户撒刀带有浓郁的地方民族特色，其具有工艺独特、质地精良、美观耐用等诸多优点，因此不但被本族人视作宝物，还被其他各族人民争先抢购，如今，户撒刀逐渐被发展出 3 大类 120 多种，像生产工具、生活用具及装饰性工艺品等。户撒刀具曾远销缅甸等国，现如今，走出云南的阿昌刀，不仅销往我国内地，还常年远销至缅甸、印度、泰国等地。

白族扎染

云南大理的白族扎染非常有名，这是当地白族人民世代相传下来的一种传统民间工艺，其取材甚是生动，一些展现植物形象的扎染和王公贵族穿着的扎染服饰，更是充满了浓浓的生活气息。这种扎染技艺融当地的文化、艺术为一体，花形图案以规则的几何纹样组成，整体布局极为严谨与饱满。

扎染布这种传统的染织品是云南白族人民生产出来的，巍山彝族扎染最先发挥地方民俗特色，彝族扎染分为彩染、贴花、蓝染等三种，他们利用传统的扎花工艺，使用天然的植物加工成染料，扎染出的工艺制品古朴又典雅，扎染的过程主要分为扎花和浸染两个关键环节。扎花所使用的手工扎花方法表现范围比较广、刻画的比较细腻，主要以缝为主、缝扎互为结合，具有变幻无穷的特点；浸染大多采用手工反复的进行浸染，使其能够逐渐形成花形为中心的多层晕纹，这样扎染以后的布料显得凝重素雅。其制作过程是这样的：首先要人工将准备好的白布逐个扎成“蝴蝶”、“梅花”、“八卦图”等，然后将其丢人染液里反复冷染 10 多次，之后展开的布料就已经扎染成了蓝地白花的图案，花样简单朴素且不易掉色。扎染时染工会准备好棉麻混纺白布或生白布等原材料，使用的植物颜料是蓝靛，经过手工的绘图——扎缝——染漂——拆花——碾平等工序扎染出美丽的花布。最常见到的染花布图案像花好月圆、松鹤延年、蜜蜂采蜜、双喜临门、喜鹊梅花、龙凤呈祥、二龙戏珠、凤穿牡丹等。

白族扎染融文化、艺术为一体，花形图案多见几何形的纹样，排列整齐，布局饱满，其题材都是来源于生活，富有生活气息。白族扎染在选材上采用像纯绵布、丝绵绸、金丝绒、灯芯绒、麻纱等较为常见。如今，扎染种类除了将蓝地白花进行保留之外，还陆续发展出更多跟更好的色彩扎染，产品种类已达上百种之多，像服装、枕巾、桌布、窗帘、民族包、手巾等，作为当地的一种旅游纪念品受到各地人们的热烈欢迎。

苗族芦笙

在中国这片土地上，有苗族人的地方你就看得到芦笙，特别是在贵州各少数民族安营扎寨的村子里，一直被称作芦笙之乡，芦笙在苗族地区甚为流传，是苗族最传统的一种簧管乐器，少数民族最喜爱的乐器就是芦笙，每到逢年过节的时候，这里的人们都会举行各式的芦笙会，边吹芦笙边翩翩起舞已经成为当地人庆祝自己的民族节日的一种习俗。

芦笙主要是由笙斗、笙管、簧片及共鸣管构成的，笙斗又被叫做气箱，一般都是采用杉木、松木或者梧桐木等制作而成的，杉木是最佳的材料，其纹理比较顺直、质地也较为松软、很少有疤节，外观大多呈现纺锤形，长约 46—56 厘米、宽约 4—9 厘米、高约 3.5—8 厘米，细的一端通常还会接上一根长约 15 厘米、外径 1.8 厘米左右的竹管作为吹口，在制作的时候，整块的毛坯料往往被从中破开，装上笙管以后再用胶进行粘合，用细篾把外部箍 5—7 圈，笙斗呈现淡黄色，苗族人喜爱在其外面涂饰一些桐油，木纹显得非常的清晰，外表特别的美观，因此被称作“金芦笙”。

演奏的时候，笙管一般都是竖置，双手捧着笙斗的下部，用双手的拇指、食指、中指分别按左右两排笙管的音孔，嘴含吹口进行吹奏就可以发声，站、坐、走、跳的都可以吹奏，形式比较灵活多样。芦笙的笙管上端的出音孔地方，套有略大一些的竹管、笋壳、铜筒或者是用竹篾片摺成三角形的小喇叭，能够起到很好的音响共鸣的作用，音量就会被相应的扩大、音色也更为动听多变，笙管穿过笙斗外露在笙斗的下面。

芦笙距今已经有3000多年历史了，在唐代的时候，宫廷内部已经兴起了芦笙演奏，只是那时候的芦笙被称作“瓢笙”，到了清代，芦笙吹奏技巧配合芦笙的舞蹈动作显得更为精彩，现如今，芦笙已经成为苗族人民生活中必不可少的一项乐器，芦笙演奏是当地最重要的一项活动。

云南民族服饰

云南各民族服饰具有独特的民族特色，带给我们一种迥然不同的审美感受，像独龙族的服装给人的印象就是简朴粗犷等。这些民族服饰运用绣、织、染、挑等不同工艺手法制作而成，虽色彩艳丽但很是协调，显示出云南人民特有的艺术审美眼光，这些民族服饰是云南人民的骄傲。

随着整个社会的发展，色彩审美规律逐渐得到进一步发展，在审美需要的基础上自觉的调整服饰色彩在民族服饰中是很常见的，而这种形式也是民族服饰艺术的一个点睛之笔。

随着少数民族的进一步发展，民族服饰色彩成为一种特殊的审美符号具有以下特点：

1. 一些较为实用的服饰色彩逐渐会朝着审美的方向发展，少数民族的社会发展一直都存在着比较大的差异，不少民族服饰中有关“美”的观念往往都受到自身文化观念的影响，色彩本身的审美规律还无法真正的发挥作用，也许以后会逐渐有更大的突破。

2. 民族服饰的色彩很多都是本能的、不自觉的表现出来的，随着色彩实践的进一步提升，色彩的本质和规律将从本能中逐渐解脱出来，完成更新的飞跃。

3. 民族服饰色彩从表现群体审美意识阶段已经逐渐走向了表现个性与自由的时期，这是社会较为平等、文明与繁荣的一种象征。

当你走入云南民族博物馆工艺品馆，许多具有实用性和欣赏价值美感的各种民间艺术品，都会进入你的眼帘。绣片在民族服饰之中分量很重，其担负着民族服饰的“门面”作用，而且各种绣片风格也会大不相同。绣片常被划分各种不同的样式，像手帕、方巾、装饰绣件等是一些单纯使用的绣件；像袖口、衣领、领披、胸兜等是服饰上的配饰绣片。还有像壮族的一种背心绣片，讲究对称的构图，显得非常的精致，白布经常会贴绣着各种各样的花卉图案等；另有一种是贴花锁绣的背心，这个也很有特点，云南地区彝、壮、白等族采用的绣花技艺就是锁绣的织造工艺，在进行贴花锁绣之前首先要剪出所需的图案，然后使用各种颜色的丝线将图案进行“锁边”，如此可以使服饰的立体感更加的凸显。

云南各民族的妇女既是纺纱织布的巧手，也是挑花刺绣的能手，从自身的美化开始，像帽子、衣领、袖口、胸兜、围腰、鞋及挎包等上面都会被绣上漂亮的图案，同时也赋予一种无比美好的含义。

第三节　在贵州“寻宝”

贵州处在我国西南地区的东南部，贵州省是唯一一个没有平原做支撑的省份，贵州就是一个名副其实的山城，想找到一块平整的土地似乎都难，但是这里的山川非常的秀丽、气候也很是宜人、资源也较为密集、发展潜力巨大。

到贵州的话，这里的民俗宝物会让你眼前一亮，像玉屏箫笛、苗绣等当做礼品赠送或收藏都是绝好的宝贝。

玉屏箫笛

贵州玉屏侗族自治县出产的竹子制成的箫笛被称作玉屏箫笛，在我国是一种非常著名的传统竹管乐器，其主要的特征就是音色清越优美、雕刻精致，玉屏箫笛集聚了当地各民族群众的智慧结晶，映射出贵州历史悠久的文化，玉屏箫笛不光是一种优美的民族乐器，同时也是极为高雅的工艺品。制作精巧的玉屏箫笛是民族乐器当中的佼佼者，具有清越的音韵。

据传在300年前的时候，有位自称“鹿皮大仙”的道人，时常云游四海的他，偶然来到了玉屏，见此地山清水秀，林丰竹茂，就在此安顿了下来，在这里还与一位姓郑的侗族才子成了知心好友，由于道人擅长音律，每当心有感怀，就会即兴丝竹。可是由于当地好的竹子不少，但是却没有箫管，一天他从山上找了根竹子，将其制成箫进行吹奏，获得好友大加称赞。不久道人因远游他乡，于是就把制作箫的技艺传给了姓郑的朋友，从此以后郑家开始自制自销这种箫。据历史记载，明代万历年间郑维藩创造了平箫，玉笛是清代雍正五年（1727 年）时开始兴起的，平箫玉笛时常被大家当做礼品赠送或收藏，与茅台酒等一起被称作“贵州三宝”。1949 年以后，箫笛的制作技艺得到了国家的保护，50 年代的时候，周恩来总理曾经把玉屏箫笛当做珍品，赠送给前来访问的国际友人。

玉屏箫笛在制作的时候，用材都是贵州当地生长的竹子，挑选竹子的时候主要选择一些竹节长且均匀的小水竹，这种竹子厚薄适中，具有颇为坚实的质地，玉屏箫笛从制作到完成，前后需要 70 多道工序，一支玉屏箫笛成功制作完成实属不易。

玉屏箫笛发展到现在已经有 100 多个花色品种，为了玉屏箫笛的发展，许多箫笛艺人毕生都在不断的努力，玉屏箫笛更是多次荣获国际博览会奖项。

蜡染制品

贵州蜡染也被称作贵州蜡花，蜡染以其优美的纹样、素雅的色调、丰富的文化内涵享誉中外，在贵州民间艺术中别具特色。

蜡染的起源最早可追溯到 2000 多年前的秦、汉时期，甚至更早。在历史记载中，有关蜡染的记录较少，《临海水土志》《后汉书》《新唐书》等虽然有“染彩”、“斑文布”、“卉服鸟章”等一些记述，但都没有明确地指出是蜡染，到了宋代的时候，文献中才对蜡染开始有更加明确的说法，蜡染这种较为古老的防染工艺，在古代时被称作“蜡缬”，“缬”就是染彩的意思，我国古代染缬工艺有三大基本类型：蜡缬、绞缬和夹结，蜡染工艺品的魅力不仅表现在精美的图案上，还有一点很重要，就是在蜡冷却以后，在织物上常会产生龟裂的纹路，在这些裂缝当中渗入色料，就可以形成变化多端的色纹，俗称为“冰纹”。宋代的时候由于印花蓝布的成本比较低、工艺简单并且在当时甚是盛行，虽然在中原蜡染已经逐渐消失，可是在西南的少数民族地区蜡染却世代相传，如今还依然存在，而且在苗族的一些地区一直很流行《蜡染歌》，代代都在传唱叙述着关于蜡染起源的故事。

据说有位聪明漂亮的苗族姑娘并不满足衣服单一的色彩，想要在裙子上染出不同的花卉图案等，可手工绘制实在麻烦得很，一时间自己也没想出什么好办法，因此十分烦恼，一天这位苗族姑娘在花园里睡着的时候，梦见有位穿得很漂亮的花仙子把自己带进了百花园中，园里处处都是奇花异草，一派鸟语花香、蝶舞蜂忙的美丽景象，她陶醉在花园中迷恋不已，自己的衣裙上爬满蜜蜂也没有察觉，等醒来才知道自己是做了个梦，原来刚才是睡着了，低头再一看，衣服上真的爬了一些蜜蜂，姑娘的衣裙上留下了点点滴滴的蜜汁和蜂蜡，由于觉得不好看，她就把衣服拿到染桶里，试图用染桶里的靛蓝把衣裙染色让其覆盖掉蜡迹，染完之后，还把衣服放进沸水中漂清浮色，然后奇迹出现了：被蜂蜡沾过的地方在深蓝色的衣裙上显现出美丽的白花！姑娘的心头不由得一动，赶忙找来蜂蜡把它加热熬化，然后用树枝在白布上画出图案，放到靛蓝染液中染色，最后用沸水融掉蜂蜡，布面上就有了各种各样的白花，染缸中竟然染出了印花布，苗族姑娘兴奋不已，就把自己做的梦、自己染花裙的技艺告诉了更多的人，于是大家按照姑娘教授的方法染出了各式的花布。从此，蜡染技术就在苗族及布依、瑶族等地流传开来。

蜡染的工艺过程主要包括：画蜡前的处理、点蜡、染色和去蜡。

1. 画蜡前的处理

在选择布料进行洗涤的时候，通常选择的都是自织的一些棉布与麻布，先用草灰把布漂白洗净，然后把事先煮熟的芋捏成类似糊状涂抹在布的反面，等到晒干以后用牛角把表面磨平磨光，通常放在石板上进行磨熨。

2. 点蜡

把白布平铺于木板等上面，把蜂蜡放进陶瓷碗或者是金属罐里面，用木炭灰火点燃金属罐（或陶瓷碗）里的蜂蜡，等到蜡慢慢融化以后就能够用刀蘸蜡作画，有的地方是照着事先剪好的花样画出相应的花纹，有的就只需要用指甲在白布上勾出大的轮廓，就能够画出各式各样美丽的图案了。

3. 染色

染色的时候，其实就是在蓝靛染缸里把已经画上图案的蜡片浸染上五天左右，取出晾干就是浅蓝色的了，如果想要颜色再深一些的话多染上几次就可以了，如果想要在一块蜡片上染出深浅两种颜色的话，在经过第一次浸泡变成浅蓝色以后，加入点绘蜡花的步骤再进行浸染就可以了。有时会发现蜡片由于折叠产生裂痕，放进染缸浸染后这些裂痕处就出现了天然的裂纹，此被称作“冰纹”。于是人们在后期想要这种效果的时候也会故意使之产生“冰纹”，“冰纹”图案的蜡染制品图案反而显得十分美丽，层次也很丰富，有一种自然别致的韵味。

4. 去蜡

去蜡的过程其实就是把蜡染制品经过冲洗，用清水煮的直到上面的一层蜡都被除去为止，最后把蜡染制品进行漂洗，布上就出现一些美丽、蓝白相间的花纹来。

蜡染工艺一直流传至今，并发展出了多种多样的蜡染图案，在贵州省的一些少数民族地区，人人都是蜡染的能手，蜡花成了大家生活中必不可少的装饰品。

苗 绣

苗绣主要采用五色彩线编织而成，采用较为规整的基本几何图形，很少会出现一些花草图案，最常见到的图形如方形、菱形、螺形、十字形、之字形等，苗族的妇女进行刺绣不先描画草图，全凭着自己的悟性和非凡的记忆力，在挑绣的时候要对底布上的经纬线心里有数，苗族妇女凭借着自己的无穷想象力，勾画出全部的图形，最终形成相当具有奇思妙想的绣品，呈现在大家眼前的往往是一些和谐完美的、美观大方的绣品，这就是苗绣。

苗绣这种具有浓厚民族色彩的刺绣艺术有着相当久远的历史，在唐代的时候，东谢苗族就开始采用“卉服鸟章”，也就是在服装上绣上花、鸟等图样，到了明代，贵阳苗族“织花布条”及“绣花衣裙”等都有记录；文献中记载清代苗族的刺绣织锦很多，像黔东清水江苗族刺的“锦衣”和“苗锦”。

苗绣大多被用在装饰服装的一些部位，像衣领、衣袖、衣襟、裙脚、帕边、护船边等地方，也可用其缝制像背包、钱包等，苗绣所追求的最主要就是对称美、充实美、艳丽美，不论上下左右还是图形的色彩空间，都要求要有对称美；所谓的充实美指的就是整个绣品不要有空白；所谓艳丽美就是色彩的运用上要大胆，要让整幅绣品看起来即使大红大绿也觉鲜亮夺目。

一件原本很普通的衣服，只要一旦镶上苗绣以后就会立刻显得光彩夺目起来，身价也会百倍的增长，苗族妇女高精的手艺使得苗绣作品这朵艺术奇葩早已闻名中外，成为既能观赏又可以收藏的一件艺术精品。

第四节 在西藏“寻宝”

西藏自治区处在我国的西南边陲，青藏高原的西部，这里的景色雄伟壮观、瑰丽神奇，地域无比宽广，地貌甚是壮观，资源更是无比的丰富，从古代开始到现在，生活在这片土地上的人们曾经创造出了各种各样的民族文化。

西藏文化寓意深刻，而且一些民俗物件更是相当的具有收藏价值，唐卡、藏腰刀、西藏地毯带你走进一个神秘的国度。

唐卡

“唐卡”，即为藏语的译音，也叫做唐嘎或唐喀，或是布画，因为它是一种刺绣或绘画在布、绸缎或纸上，用彩缎装裱后悬挂供卷轴画，这是藏族文化中一种最独具特色的绘画艺术形式，其题材内容涉及了宗教、历史、政治、科技、文化及社会生活等诸多领域。随着佛教在西藏地区的盛行，以及外来文化艺术不断的参透，唐卡艺人仿佛注入了新的血液，他们一方面发扬藏族传统的绘画艺术技法，一方面在吸取外来文化艺术同时，不断地更新唐卡的艺术技法，创作出更具魅力的唐卡艺术。

由于自然和历史的各种原因，故此唐卡的起源至今仍无从考证。但我们能肯定一点——唐卡这种绘画艺术历史悠久，在发掘出的四五千年前的卡诺文化遗址中，就已经发现一些彩绘纹饰，这些黑彩绘成的三角折线纹是原始而粗放豪迈的，它与当今特别是藏东地区的唐卡艺术有着十分密切的联系。根据有关文献记载，藏族的绘画艺术早在藏王松赞干布（公元7世纪）以前，就已在西藏各地出现。

唐卡的艺术魅力就体现在以画言史和以史作画，唐卡大都具有严谨均衡的构图，其民族特点鲜明，画面形式多变且优美婀娜。通常，它被悬挂在一些寺院宫殿之内，一些藏族家庭也偏爱挂于室内。题材大多来源于佛教内容，另外，有时也会涉及生活习俗、社会历史、天文地理、藏医藏药、文学艺术等方面，在规格上，大一些的唐卡约有数十平方米，小一些的则只有数十平方厘米。

西藏是一个具有浓厚宗教性的区域，故此，在我们今天看来，其唐卡的内容几乎全是与宗教文化沾上边的，单是纯粹宗教内容的唐卡就占了全数的80%左右，人物形象个个栩栩如生，哪怕是那些藏族的传说、医学、天文、历算、文学、诗歌、戏剧、美术及民间传说故事等内容和题材，也皆暗暗透视着浓厚的宗教色彩。制作一幅唐卡，并非是草草了事，其制作过程工序极为繁多复杂，而且制作时间往往要长达数月甚至数年之久。每一幅唐卡作品都会聚了画师们的无数心血，其作品体现出藏地的艺术魅力，包含着当地人们的坚韧毅力和精湛的工艺技巧，拥有超出作品本身的精神价值与艺术价值。

作为藏族人民的供奉绘画，其制作可谓是倾藏民之所有，故此其绘制的材料也十分讲究。在传统上，绘制唐卡的原料全部采用金、银、珍珠、玛瑙、珊瑚、松耳石、孔雀石、朱砂等，还有极为珍贵的矿物宝石和藏红花、大黄及蓝靛等植物颜料，用这些颜料绘制的唐卡，经历几百甚至上千年之后，画面依然金碧辉煌，灿烂如初。

藏腰刀

藏腰刀是西藏地区一种较为传统的手工艺品，由于藏腰刀可以用在生产与生活当中，而且还能够进行自卫及挂起来当做装饰，所以成了当地群众的必需生活用品，西藏拉萨、当雄、拉孜和易贡等地是藏腰刀的主要产地。

藏腰刀从汉代时候已经开始生产了，主要分为三种：长刀、短刀与小刀。长刀一般有一米左右，是被当做武器使用的，短刀约为 40 厘米左右，小刀长度只有 10 多厘米的样子，通常被用在生活当中。腰刀分为两部分：刀和鞘。藏腰刀在制作的时候总是精益求精，锻制钢材时铁匠总是不断地反复锻制，直到把钢材锻烧成晶光发亮为止，因此藏腰刀的刀刃锋利无比，削铁如泥。它的刀把通常都是采用牛角或者是木料加工而成。刀鞘也制作精良，经常使用铜或铁皮进行加箍，并且在刀鞘上面镶嵌银饰或宝石之类进行装点，看起来非常精致美观。藏腰刀的刀鞘分为软刀鞘和硬刀鞘两种类型，用牛皮缝制而成，主要用作装小刀的刀鞘为软刀鞘；里层装有两片薄木板，外面裹有铜皮或牛皮的刀鞘是硬刀鞘。鞘上通常都会有银饰，上面还会刻上各种各样的图案，有的还镶嵌上了各种宝石，熠熠生辉。

现如今，作为旅游商品和馈赠礼品的藏腰刀越来越受到人们的喜爱。藏腰刀的刀身主要采用的是上好的钢材经过锻制而成，而且一定要进一步的精心进行加工，刀刃才能够变得更加的锋利，刀面也才会更加的净光。从外形上看，藏腰刀具有极强的地方特色，像牧区式藏腰刀、康巴式藏腰刀、后藏式藏腰刀等；从用途藏腰刀依然可分为很多种，像林区砍树经常使用专门的砍树刀或屠宰刀，据当地人说在天葬场上也有专制的特殊刀具。藏腰刀的刀把经常都是采用牛角、牛骨或是木材制作而成的，再稍微高档一些的刀把采用的是银丝、铜丝等相互缠绕，刀把的顶端包裹上铜皮或铁皮，或者是镶上各式的银饰等。藏腰刀的刀鞘非常的讲究，一些普通些的刀鞘采用简单的木鞘或者皮套制作，更多稍好一些的刀鞘都会包上一层黄白铜或者包白银进行装饰，刀鞘上面经常刻上各式的图案，镶嵌上各类宝石或者干脆镀金等，制作的美轮美奂，怎能说藏腰刀不是件工艺品呢？

藏腰刀是民族的一种特需品，不仅被当地的群众所喜爱，还受到了五湖四海所有旅游者的欢迎。

西藏地毯

藏毯是西藏的一种传统手工艺品，其原料是藏北高原的一些优质羊毛，这些优质的羊毛首先要被染色，紧接着手工把这些羊毛捻成线，艺人使用灵巧的双手就可以把这些地毯精心的编织完成。由于柔软耐用、美观大方，再加上藏毯具有浓厚的地方民族特色，特别是高寒地区生活的人，它具有隔潮御寒、保温取暖的作用，所以长期在牧区生活的西藏人也会在包裹里带上藏毯备用，藏毯有地毯、炕毯、坐毯等一些品种，在传承藏族传统艺术的基础上，艺人们还融合了汉族、印度及尼泊尔的宗教艺人之精华，从而形成了具有自己独特艺术风格的工艺美术品。

传统藏毯像国王七宝、佛八宝、暗八仙等都带有非常浓厚的宗教色彩，也有部分展现汉文化的藏毯，每一块藏毯都凝聚着藏族人民的勤劳智慧，体现出藏族人民对美好生活的向往之情。在表现形式上它以传统样式为主，还有一些像龙凤式、自由式等。其花色图案，主要给人一种热情奔放、美观大方之感，色彩表现非常丰富，选取的颜色纯度都比较高，具有对比性强的特点，体现出西藏独有的自然的风景美态，以及当地人们纯真质朴的人文情怀。

藏毯通常分为三种：一是图案较鲜艳复杂，质地轻柔；二是采用绵羊等细毛线编织而成的藏毯，看起来式样较为简单素淡，还有就是使用彩线编织成花样较多薄毯等情况；三是卡垫（卡垫就是垫子），质地非常的结实耐用，如果配搭得当的话，藏毯就还可以被当做家居当中的装饰品。

西藏地毯制作工艺相当精湛，美观大方的藏毯采用独特的织造方法，毯面特别柔软细腻，藏毯的颜色鲜艳不会掉色，质量更是结实耐用，尤其是带有浓厚民族色彩图纹的藏毯具有极高的欣赏价值。

第五节 在重庆“寻宝”

重庆是我国的直辖市之一，这座城市有着悠久的历史，在国务院发布的第二批国家文化名城当中就包括有重庆。由于这里地理环境的原因，较为多山多雾，因此被称作雾都、山城等。

在重庆，你会看到一种制作精湛、样式齐全的荣昌折扇，别小看了这把小小的折扇，其历史悠久，制作工艺复杂的很，另外要提到的就是，千万别遗漏了前往四川荣昌县安富镇看一看当地艺人烧制的荣昌陶器，这里可是西南地区最大的陶瓷生产基地。

荣昌折扇

折扇虽然说只是日用的一件小商品，但是由于折扇能够折叠自如，携带起来较为方便的特点，因此更加被人广为使用，在这里尤其要提到的是荣昌折扇，其造型非常的轻盈与灵巧，线条也是呈现出外圆内方的样式，最重要的就是选料上甚是考究，制作也相当的精细，工艺考究，巧妙地将实用与工艺互相结合了起来，荣昌折扇以其品种多、花样全等在众多的竞争对手中成为佼佼者，受到各界人士的追捧。

据说折扇最初是在明朝永乐年间被传入我们国家的，清朝乾隆时期从广东引至的荣昌，那时，荣昌城北的农民们在过了农忙以后，由于比较清闲，就采用当地较为常见的黄竹当原材料进行制作纸扇的工作，通常会在做好的扇夹的扇心上糊一层黑纸，这就制作成功了以硬青、皮底为主的两种折扇，并拿来在集市上去卖。到了嘉庆、道光年间的时候，折扇的发展开始扩大了起来，逐渐从一种闲暇时分的副业转变成为更加专业化的生产，由于荣昌折扇制作的时候主要选材是棕竹、毛竹，因此被封了一个雅号叫做“怀袖雅物”，从光绪初年以后荣昌折扇在制作选材上开始选用楠竹，这种竹子更为坚韧，其上的花纹自然又美观，折扇的品种也翻新不少，花样也更多起来，像漆、绘、刁、嵌等手法也被运用到制扇的工艺当中，当时城里的扇铺达到 40 多家，加工纸扇的摊户也有 100 多家，年产纸扇的数量达到了 400 万把，这一时期可谓是折扇业发展的鼎盛时期。

辛亥革命后，折扇的加工工艺更是已经达到日臻完美的境界，各种写画的技艺已经开始被广泛地应用在了扇子的生产上，新颖的折扇一时成了文人雅士深爱之物，曾经一度风行不已，这时城内扇铺已经达到 100 多家了，加工折扇的人也达到了 500 多户，专业生产此折扇的工人达到了 3000 人，荣昌此时的年产折扇已经达到了 506 万把，这一时期是折扇发展的鼎盛时期，除了国内畅销不衰以外，在海外像泰国、印度、缅甸等国家更是大量的购进我国的荣昌纸扇，荣昌折扇的年产量甚至远远高出了苏杭折扇的总和。

荣昌折扇在传承传统技艺的基础上，还陆续引进各种最新的制作工艺，创新出各种不同的折扇新种类，现如今，荣昌折扇能够生产出 11 大类 345 种花色，真可以说是琳琅满目。比如舞蹈扇、绢扇及书画工艺的一些挂扇、旅游扇、广告扇等各类品种，还有一些高档折扇产品像金楠绸扇、竹节绸扇、雕刻绸扇、棕玉绸扇、壁挂类装饰大扇等。这些折扇除了被用作消费功能之外，有时还被用作像礼品赠送、文艺会演、室内装饰、艺术收藏等领域。

荣昌陶器

四川荣昌县安富镇烧制的荣昌陶器相当的有名，荣昌县安富镇盛产一种特别适于制陶的优质红、白陶土，这种陶土可是制陶艺人的最爱，其土质既细又正，可塑性也相当的强，非常适合制造陶器，其制作出来的陶器造型比较大方，釉质还算光滑。荣昌陶器最令人叫绝之处是：储藏在荣昌陶器内的物品能够长久的保质保鲜，不会串味渗色，最大化的发挥了其实用性。

荣昌陶器在汉代时期就已经开始出现，起初的时候主要是为了满足人们的日常生活所需，陶器往往被制成民间使用的一些日用粗器，像碗、茶具、花盆、泡菜坛等。明清两代得到迅猛的发展，到了 20 世纪 70 年代，其制作手艺已经出神入化，该时期也是荣昌陶器最为鼎盛的发展阶段。荣昌陶器分为细陶与彩陶两类，细陶的特点就是胎体较薄但质量依然坚实。彩陶主要以纹饰见长，采用多样化的装饰手法，最常见的纹饰手法有刻花、点画花、模印贴花、剪纸贴花等。荣昌陶器釉色方面主要有西绿、朱砂红、黑、乳白、黄丹等，尤其是黄丹釉最常见，而朱砂与西绿釉是荣昌陶器的特色代表，主要产于现在重庆的安富镇，清代以前的时候这里被叫做磁窑里（陶器业的繁盛景象可想而知），在 100 多年前就已经被出口至东南亚等国，后来荣昌陶器的销售逐渐拓展到了美、英、德、日及挪威、芬兰、荷兰等更多的国家。如今，荣昌县已经成为西南地区最为庞大的一个陶瓷生产基地。

800 多年的陶器制造历史，赋予了荣昌陶器无比深厚的文化底蕴。“安富场五里长，排列泥精列成行”、“前山矿子后山炭，中间窑烧陶罐罐”这些民谣都是对制陶艺术栩栩如生的描绘，表现出陶器生产的规模与销售的盛况，荣昌县与大名鼎鼎的江西、广东、江苏三地被称作四大陶都。

淘宝中国

To Search rare treasure in China

第七章 东北宝库

在我国所有地区的人群当中，东北人一致被大家认为是地域认同感最强的，他们的性格直率，乐于助人，气候方面在我国属于较为寒冷的地区，先前这里地广却人烟稀少，到了近代以后，经过不断的开发才引得大批的关内移民，很多闯关东的都是山东、河北一些地方的农民，特别是山东人占大多数，因此，东北人基本上都是一些山东移民，而对于东北地区的原住民来讲，移民的增多加之生活窘迫而不得不四处闯荡为生，因此这个地区的人胆大不要命的较多，因此具有好勇斗狠豪气的东北人是出了名的，民间有句风传："不到东北不知道胆小"，也表现出东北人民风之中透露出的强悍，骨子里的那股天不怕地不怕的狠劲儿。

实际上东北人并非只是民间流传的只知道玩命，只会大口喝酒、大块吃肉的能耐，大多数东北人与其他北方的人比起来，还是更为文质彬彬与聪明机敏的，顶多算是比较有心机而已，处世较为圆滑，主意也很多，时常会表现的花样百出。东北人的敢打敢骂勇于拼搏的这股子劲儿还多多少少带有山东老家的影子，只是更加的青出于蓝而胜于蓝。

东北地区的工业化、城市化的水平还是比较高的，这里的很多城市现如今都还遗留有日俄殖民统治时留下的历史痕迹。特别是哈尔滨、大连两地，仔细观察这两座城市建筑的话，不难发现其建筑艺术中俄式风格的特点，倒也很有异域风情，这些地方的广场和绿地很多，特别你要是到了大连，由于地处海滨，本身的自然条件就已是不错，再加上政府的支持，这里正在充满信心地建设"北方的香港"。现如今看到的是一派日新月异的美丽景象，高耸的楼房、绿茵茵的广场草坪、碧蓝的大海，妖娆的景色相互辉映，这里俨然已经成为中国最漂亮的城市之一，在哈尔滨和大连，你随时都会碰到穿着入时的当地人。只是哈尔滨市里的人讲话大多使用纯正的普通话，可是到了大连你会感觉当地的口音有点胶东方言的感觉。再就是沈阳了，这可是东北地区最大的城市，听到的都是操着标准的东北话的东北人；还有长春，比起沈阳那可就小多了，不过长春可是有我国著名的汽车城，这里到处都留存着文化古迹的风貌，很是值得前去观赏。

能到东北一游是你不错的选择，这里的景色会让你耳目一新，这里的关东风情令你印象深刻，这里的民俗宝物也随你尽情的收入囊中。

第一节　在辽宁“寻宝”

历史悠久的辽宁是我国东北经济区及环渤海经济区的一个重要节点，地理位置相当的重要，这里也是东北地区前往关内的必经交通要道，更是东北地区走向全世界的一个重要门户，连接欧亚大陆桥的一个前沿地带。

这里的人文景观极具特色，带有浓浓的东北情调，辽宁之行，介绍给大家两件宝物：抚顺琥珀雕刻和中国三大名砚之一的辽砚。

抚顺琥珀雕刻

抚顺露天煤矿盛产一种副产品，名为琥珀，其外观像水晶一样的透明，表面光洁如玉，因此抚顺生产的琥珀工艺品非常之多，也非常有名气，用琥珀制作的工艺品带有特别浓郁的地方风格，琥珀雕刻这门手艺在抚顺由来已久，巧手的匠人会按照琥珀原料本身大小、形状及颜色等天然具备的特征，在此基础上进行精心的设计，雕刻出各种各样的琥珀制品。

抚顺是我国唯一能够出产昆虫琥珀的重要产地，是世界著名的琥珀产区之一，抚顺拥有优质的琥珀矿产资源，这里出产的琥珀具有坚韧的质地、色泽也较为艳丽，这里出产的琥珀最常见的有黄或金黄两种颜色，出产的琥珀大多被做成首饰或琥珀工艺品等。这里的琥珀分为透明或半透明两类，品种包括：白云珀、金珀、花珀、血珀。抚顺琥珀内常包裹有昆虫，从外面能够清清楚楚地看到，品种非常珍贵。

抚顺的琥珀雕刻手艺，前前后后经过了七代的传承，如今出于各种原因，目前制作琥珀工艺品的个体户只剩下了10余家，新老琥珀艺人加起来也不过40余人，最小的艺人年龄也在45岁以上，抚顺的琥珀雕刻手艺正处在断代的境地，值得注意的是如今抚顺琥珀原料开采的也越来越少，琥珀雕刻品就越发的珍贵。如今，保护好这份独特又珍贵的文化遗产，对于弘扬抚顺地域文化有着非常重要的现实意义，更有着深远的历史意义。

近百年以来，抚顺琥珀始终都采用传统工艺进行制作，琥珀匠人运用双手雕刻出各种精美的琥珀工艺品，使得琥珀雕刻享誉世界，受到中外人士热烈喜爱。

辽　砚

辽砚、端砚和徽砚被称作我国的三大名砚，辽砚所采用的砚石是我国辽宁本溪的独特产品，经过上亿年的地质变迁，辽宁本溪拥有宝贵的天然资源，特别是盛产紫云石与青云石两种石材，是制作砚台的绝佳石料，此种石料制成的砚台不磨笔且养墨，仅此两点就已经使其成为砚石的最佳之选，由于地质资源丰厚，辽砚才得以迅速的发展起来，并备受各朝代文人墨客的青睐。

据说辽金时代就已经出现了辽砚，可以说历史悠久，当年萧太后就曾视辽砚为珍宝，并赐名为“御砚”。到了清朝以后，这种制作辽砚的奇石已经不再只局限在制作砚台了，还经常被艺人们用来雕制成屏风、坐屏甚至烟盒等物品，有传始祖努尔哈赤一次出去游猎，结果不小心找不到了回去的路，走到一个村庄的时候，突然发现这里的村庄院落都用青红相间的一些奇石铺地、围成的院落非常的美丽，就好像是到了世外桃源一样，于是就让随从前去打听，后来从当地一名老者那里得知这种石材是流传很久的辽砚砚石，而且这位老者恰好就是一位擅长雕刻的艺人，由于家中收藏许多宝砚，就将其交给努尔哈赤并送于老汗王，皇帝看到此物简直是爱不释手，从此辽砚逐渐传开，随后努尔哈赤又发布了新的指令，让这位老者雕琢一座山水座屏，而这件座屏现在就被珍藏在沈阳的故宫博物馆内。

张学良将军在1929年的时候下令征集辽砚，这些征集来的辽砚被送往全国首届西湖博览会进行参赛，一时间辽砚可谓是名闻遐迩，甚至与端砚两者齐名，被称作是“南端砚北辽砚”。当年张学良将军曾经和白永祯一起称赞辽砚为：“关东山里奇宝开，蓝天红霞凝石才。能工巧匠雕辽砚，珍品独秀四宝斋。”邓小平同志在1978年出访日本的时候，带了一件四方辽砚，馈赠给日本，被日本人当做了中国的国宝进行珍藏，因此辽砚也是中日友好的“特殊使者”。

本溪当地人为了进一步的发掘出更多独具特色的地方产品，进一步弘扬民族文化，经常会集合各地的雕刻名家，设计者齐聚一堂，共同交流探讨彼此的经验，有了专家的指导本溪开始进行系列的辽砚雕刻，在制作辽砚的过程中不断的将现代设计与传统手艺互为结合，精细到整个雕、镂、剔、透工艺的每一步，使得制作出来的辽砚精致美观，既不失传统美感又带有现代气息，如今，辽砚这一中华瑰宝在本溪人不断的创新下得以再度大放异彩！

第二节　在吉林“寻宝”

吉林主要处在中国东北地区的中部，刚好位于俄罗斯、日本、韩国、朝鲜、蒙古和中国东北部形成的东北亚的中心位置，吉林与朝鲜民主主义人民共和国是隔江相望的。

在吉林，你会被这里的民俗民情深深的感染，朝鲜族人花花绿绿的服饰想必大家或多或少都有所了解，在这里你就可以大饱眼福了，还有一件物件值得珍惜，那就是当地民间艺人制作的吉林彩绘雕刻葫芦，吉林之游，它将会是你得到的最独特的旅游纪念品。

朝鲜族服饰

朝鲜族的民族服装非常有特点，其自成一格的结构，上衣从肩膀开始到袖头位置的笔直线条与领子、下摆及袖肚的曲线，构成了曲线和直线两者的互为组合，朝鲜民族服装并没有过多的装饰，这也刚好体现出了“白衣民族”古老民族服饰的特色之处。

按穿衣人的年龄或者是场合的不同，朝鲜族的民族服装通常会选用不同质地、颜色的面料进行制作，比如未婚的朝鲜族女子通常以穿鲜红的裙子或者黄色的上衣为多见，衣袖上会有各色的条纹；已婚的朝鲜族妇女通常穿红裙子和绿上衣，年龄稍微大一些的妇女，在选择面料的时候常会选择一些鲜亮色彩、不同花样的为主。

朝鲜族服饰中短衣长裙的款式最为传统，在朝鲜族语中短衣被叫做“则高利”，从肩、袖一直到袖头构成一条直线，曲线处则为脖领子，衣服的下摆和袖笼呈现弧形状态，其特征为：斜领、无扣、使用布带进行打结，袖口、衣襟、腋下等处往往镶着一些色彩鲜艳的绸缎边，位置刚刚到胸部，绸缎的颜色主要以黄、白、粉红等浅色多见，女性穿起朝鲜族服饰后，给人一种美丽、大方、潇洒的感觉。在朝鲜族语当中，长裙被人们叫做“契玛”，长裙是朝鲜族女子最常穿着的主要服饰，长裙的腰间会有长皱褶，整体看起来宽松又非常飘逸，这种衣服通常都是采用丝绸缝制而成，色彩也是非常的鲜艳，种类很多，像长裙、短裙、缠裙、筒裙、围裙等。年轻女子一般都喜欢穿一些背心式的筒裙，穿上裙长过膝盖的短裙的时候，比较方便劳动；中老年妇女多选择穿缠裙或长裙，冬天的时候只用在衣服外面加穿一件棉坎肩就可以了。缠裙其实就是一幅没有经过缝合的裙料，主要由裙腰、裙摆及裙带一起构成，裙形看起来上窄下宽，裙长一般到脚面，裙摆也比较宽，裙上端有许许多多的细褶，穿的时候缠腰一圈后再在右腰侧系结就可以了，穿缠裙时，一定要在里面加穿素白色的衬。

随着纺织工业不断的发展，现在妇女们穿衣颜色更多且不拘一格了，不过朝鲜族短衣长裙这种传统的民族风格一直都没有变，原因是这种服装能够反映出当地朝鲜族妇女的审美心理，充分反映其温柔善良与勤劳质朴的品德。

吉林彩绘雕刻葫芦

吉林有一种地方特产就是彩绘雕刻葫芦，由于当地盛产葫芦，因此当地的人就以葫芦为原料加工成各类工艺品，最有名的就是彩绘雕刻葫芦，经过艺人们细致的雕刻成为极富特色的一种产品。

吉林葫芦的种植业已经相当有历史了，当地的农民经常使用这些葫芦制作成水瓢进行使用，或者是当做装米、装面的器具，每到夏季的时候葫芦藤还能够点缀庭院，各种大小不一的葫芦悬吊于架上，显得非常的具有田园情调。

民间艺人常会选用一些符合作品选材的葫芦，经过精巧的手艺制成各种鲜明多姿、五彩斑斓的作品。像栩栩如生的花鸟鱼虫、古朴典雅的香炉宝鼎、特殊意义的钱币图腾、长发飘逸的舞女、生动鲜活的的龙凤共舞等。其中有一套刻画“红楼梦”人物的葫芦雕刻，就相当有名气，红楼十二钗有的焚香、有的赏月、有的吟诗，每位人物都被刻画得惟妙惟肖，逼真感人。

吉林彩绘雕刻葫芦是吉林市独特的旅游纪念品，到吉林游玩的人们对吉林彩绘雕刻葫芦总是着迷不已，都要或多或少的带一些回去留作纪念。

第三节　在黑龙江“寻宝”

我国最东北的省份就是黑龙江地区了，这里的气候条件：冬季长且寒冷，夏季短并凉爽。所以夏天到黑龙江可以避暑，冬天到黑龙江则比较适宜观冰灯、进行冰雪运动，黑龙江省的土地条件很有优势，占全国首位，也是世界最著名的黑土带，因此黑龙江省农作物较为盛产。

在黑龙江千万别只顾玩，有两样东西你一定不要错过，那就是哈尔滨牛角画和赫哲族鱼皮制品……

哈尔滨牛角画

哈尔滨牛角画主要采用牛角、羊角两种原料制成，是一种哈尔滨当地才有的工艺品。哈尔滨牛角画还有一个名字叫做角雕画，主要用天然牛角作为主要的原料制作而成，其将中国画的特点融于其中，还采用了牛角、羊角本身天然如玉的色泽、使用雕刻相关技法，利用民族的传统构图形式，带着浓郁地方韵味的哈尔滨牛角画常采用多层喷绘之法进行背景的渲染，这样处理后的哈尔滨牛角画带有较为浑厚的光泽，既古朴又淡雅。

牛角画是1964年开始出现的，到20世纪70年代初的时候已经名扬四海了，一度畅销至5大洲40多个国家与地区，那时出现的花鸟人物等题材的牛角画作品就开始深受东南亚、日、德、美、英等国家的欢迎。哈尔滨牛角画是由哈尔滨的一些老艺人像刘宝树、刘斌、杨世洽等最先制作而成的，他们是在牛角小商品的制作基础进行了创新与提高。这是一种地方特色工艺品，在全国也属独创，也在一定程度上对黑龙江的历史文化起到了促进作用，也弥补了黑龙江省原发性传统工艺品的一个空白。在哈尔滨市，有家工艺美术厂，这家美术厂的现任厂长叫做李建新，是一位高级的工艺美术师，李建新出生于1950年，他在1970年的时候就开始在美术厂跟着老一代艺人一起进行美术设计，1995年又任命为厂长。在继承角雕工艺传统的基础上，他开发出了以冰雪旅游为主题的牛角画作品，这套作品在国家各种评比活动中多次获得金奖。

牛角画的制作工艺特别的复杂，一幅牛角雕画往往需要锯料——烧丕——分解——粘图——磨光等30多道工序才能完成，首先，工人们要用高温水将牛角煮透，捞出之后将其剪切压平，参照事先设计好的画稿，开始不断地打磨牛角，并进行抛光、裁剪，直至最后成功地把每块牛角片互相进行粘贴，制作成功的牛角画带着牛角自身独有的色泽与条纹，工人们还会对其进行外观上的处理，不久，一幅完美的牛角画就可以呈现在我们的眼前了。

哈尔滨牛角画广受国内外顾客的一致好评。这种工艺美术品在我国可谓是一枝独秀，仅国家级大奖就获得过20多项，一些珍贵的牛角画作品像《葫芦瓶》、《锦绣前程》、《人物屏风》等都被国家进行珍藏，牛角画的辉煌业绩让我们无法不对其刮目相看，希望这门角雕制作技艺能够更好地传承和发展下去，为哈尔滨当地的工艺美术事业未来的发展作出更大的贡献。

赫哲族鱼皮制品

鱼皮制品是赫哲族当地特有的一种非物质文化产物，赫哲族在我国属于人口数量最少的一个少数民族，据史料记载，赫哲族距今有大约6000多年历史，自古这个民族就主要靠渔猎为生，用鱼皮制作各式各样的制品已经有很久远的历史了。

鱼皮可以制作成非常高档的皮革，带有特殊鳞纹和色彩图案的鱼皮人工很难进行模仿。

聪明的赫哲族人采用鳞鱼皮，鲷鲤鱼皮等作为原料，对加工过程中的主要工序，保持鱼皮独特的天然鳞纹的问题，都进行了一番总结和研究，最终才制定出了合理的鱼皮革涂饰工艺，从而加工出了具有清晰花纹、立体感非常明显的一些高档鱼皮革。鱼皮具有特殊的“鳞窝”表面及“层状”的纤维构造，因此鱼皮革显得更加的天然，加之其独特立体的鳞状花纹，牢固度、抗撕、耐皱折这些优越的性能甚至超出牛羊皮革，鱼皮制品往往造型相当别致，设计上也是煞费苦心，并且具有非常丰富的文化内涵。赫哲族鱼皮制品工艺精湛，非常有特色。首先这种制品结实又耐用，尤其是鲑鱼与鲽鱼制成的皮革，其结实度超越牛皮1倍；其次这种制品手感极为柔软，让人感觉更为舒适；另外，鱼皮制品外观美丽，鱼皮革能够被染成所需的各种色彩。

近几年，在国内国际市场鱼皮制品很是走俏，在皮革制品市场上人们已经开始追求这种更为理想的产品，从目前的势头上看，用鱼皮制成的各种产品特别的畅销，所以，为了进一步适应整个市场的需求，充分地利用鱼皮资源，大力开发鱼皮制品显然还是很有前途的。

淘宝中国

To Search rare treasure in China

第八章 明珠港澳台

香港一直被世人称作东方明珠，尤其是香港岛非常的美丽，是全香港最主要的旅游景点和商业区。在香港你可以买到许多物美价廉的物品，因此这座城市又被人们看做是购物者的天堂，各类宝贝数不胜数，可以充分满足你购物的欲望。每年到这座城市游玩的人更是不计其数，在香港不仅有的吃有的玩，你还能领略到浓郁的中国文化，当你漫步于荷李活道（香港最早的一条古董街）时，你会发现路两旁百多间的店铺，都是各类古董，代表着中国文化的各式传统物件应有尽有：像酸枝家具、案头的文玩摆设、无数的挂墙卷轴等，件件让人过目难忘。流连于此感受着这种古色古香的空当之时，能够“执到宝”对于每位游客来说应该是最愉悦的体验了，如果你觉得仅是这条街仍旧不足以满足你，无法尽兴，附近不远处还有一条摩罗街，这里也尽是古董商品店与杂货摊，一顿发掘之后保准你会满载而归还意犹未尽。

接下来要说一说澳门。这儿也被称作濠江，西方人更喜欢将这座城市称作“东方蒙特卡罗”。提及澳门，许多人脑海当中会不由得闪现出“赌场”两个字，对于澳门的整个经济来说，博彩是当地的一大经济支柱，若非要拿澳门与香港相比较的话，旅游业方面澳门稍显小家碧玉一些，消费方面澳门要比香港便宜许多，另外，澳门的生活步调要比香港慢一些，一些时间较为宽裕的游客，更喜欢在澳门街道上闲适地晃上一下午，晃着晃着就到了葡京后面的一条小巷道里，道两旁尽是供游客休憩的茶座，坐下来点一份当地颇为有名的玛嘉烈蛋挞，来上一杯香浓无比的葡萄酒，慢慢地品茗享受一番，沉醉其中几乎让人不忍离去，澳门的葡萄酒相当的地道，我们都知道，澳门曾经是葡萄牙的殖民地，而葡萄牙的葡萄酒以其味道醇正名扬四海，仅是其酿酒的历史和品尝秘诀就足够写上好几本书，品尝之余不收藏几瓶，着实让人觉得有些遗憾，另外，澳门的跳蚤市场也值得逛上一逛，小贩们在碎石铺就的路面上满满地摆放着他们的货物：像各种小雕像、陶器、旅游纪念品及一些样式古旧的物品，就算不买只是看看，那也是很热闹呢！

对喜爱旅游的人来说，台湾之行绝对是必不可少的，在这片美丽、富饶的福地，有一处天然湖泊叫做日月潭，一直吸引着数以万计的中外游客前来观光。台湾带给了我们太多的想象，我们依旧记得这个当初华语流行歌曲的发源地，记得这个爱情文艺片的最早发生地，总能找到说服自己喜欢台北的很多理由，永远无法磨灭的记忆加上新世纪视觉与审美的完美配搭，让你终究无法逃脱这场美丽的邂逅，虽然改革开放已经很多年，内陆城市也都相继火热地兴起，但仍有许许多多的人背上行囊，奔向这座最爱的宝岛……台北的夜市最让人难以忘怀，那股热闹劲夹杂着一股市井般的气息，令人驻足，恍惚之间让人忆起少年时被父母牵着小手在繁华市集大肆购物的场景……在宝岛台湾走一遭，一来能够感受一番这座城市的文艺情调，二来可以顺道在台湾经历一番淘宝，带一些代表这座城市腔调的物件回来，你的宝岛之行因此将显得更加精彩，说归说，要着实领教一回才是最好。

第一节　在香港“寻宝”

香港，是一座繁华的大都市，其经济发展在整个亚洲地区都是数一数二的。

每年的香港之旅都会给全国各地的游客带来全新的体验，大开眼界不用说，而且这里的商品物美价廉，若是你荷包满满，你可以尽情地在这座购物的天堂大肆淘宝……香港玩具非常有特点，买点回去带给孩子们是个不错的主意；如果你对金饰钟情的话，香港之行一定会让你大喜过望，因为香港金饰不仅漂亮而且价格公道。

香港玩具

香港玩具是当地一项非常重要的工业名特产品，其在 1972 年开始兴起，香港玩具出口一直都处于世界冠军宝座的位置，这是与香港电子产品不断推陈出新分不开的，借助微电子、微处理技术方面的快速发展，香港玩具商不断地创新出各类更加适应全球市场需求的一些高科技潮流产品，这也使得香港玩具业一直都在快速的前进中。

在很多人的意识中，都会觉得玩具当属小朋友的玩意才对，事实上，科学技术的发展使得更多的新式玩具已经不仅仅是小朋友们的专利，如今的一些玩具让更多的成年人也痴迷不已，还有一部分人对层出不穷的新颖玩具的期望也许不会那么强烈，他们更加怀念的是自己幼时玩过的玩具，不管出于怎样的一份心境，每年前往香港玩具反斗城的人总会越来越多，人们可以在这里寻找到全世界最多、最新、最全的各类玩具。

香港的玩具反斗城已经有了20多年的历史了，在这里你能够寻觅到旧时的各种玩具，更能发现无穷尽的新品，位于香港尖沙咀的海运大厦的玩具反斗城后期又经过了全新的装修，装修一新的玩具反斗城注入了各种新鲜元素，除了继续传承往昔作派之外，各家店铺将不同的玩具清楚的分类为五大区域，还新增了婴幼儿用品、教育玩具等，第一个区域是“女孩至爱”，这里摆放的大多都是一些芭比娃娃、公主人偶等，每一位走到这里的女孩都表现得无比的兴奋。接着走下去就是第二个区域“宝宝反斗城”，四周围贴满了婴儿的肖像，连灯光都柔和了许多，到处都是宝宝的玩具，新增添很多婴幼儿的相关产品。紧接着是“智多星益智玩具”属于第三区，这个区变化较大，增添了好几个大型的立体装置，像恐龙化石、巨型火车站等，到处都是新奇有趣又益智的玩具。再走下去就是第四区——“户外运动站”，来这里的大多都是一些酷爱运动的朋友，像配有声效的足球、田径赛场的跑道、各种运动玩意等应有尽有。最后就是第五区——“车天车地区”，这里绝对是男生们的最爱，汽车类的玩具五花八门就像是车迷的乐园一样，像“蜘蛛侠”、“变形金刚”人物模型更是充分满足了男孩子们内心的渴望。除了这些，玩具商们还开发了一些能够供全家人一起玩乐的大型玩具，像飞天巨型棋盘，合家欢游戏盘等林林总总。

香港在每年的一月份都会举行著名的玩具展，规模之大，足以傲视全亚洲，位居全球第二。作为世界级的展览会，各地的参展商都把香港玩具展作为扩展自己在全球各地市场的最理想平台，比如在2007年的香港玩具展上，秉承以往骄人的成绩，展会一如既往继续创下最高峰，吸引了来自37个国家及地区的商户参展，阵容无比的鼎盛，像中国内地、中国台湾及韩国、意大利、德国、巴基斯坦、西班牙、泰国等都设立了自己的展台，会上展示出了许许多多新颖无比的玩具产品，现场气氛热烈非凡，买家意愿强烈，有统计称当时一共有124个国家及地区29000多名买家在现场参观，不断巩固玩具展首屈一指的枢纽地位一直是主办方举办玩具展的目的，为此主办机构还特意邀请了来自39个国家及地区的约79个采购团进行现场观摩。

金 饰

香港金饰成色好，价格公道，其具有三大优势：款式漂亮，价格实惠，信誉度高。在香港的铜锣湾一带及尖沙咀附近，金饰商行排满了街道的两侧，游客选购金饰特别的方便！金店商行的橱窗内摆满了琳琅满目、金光灿灿的黄金饰品，这些金饰制作极其精巧，各种传统或时尚的款式一应俱全，件件都无可挑剔，而最让消费者满意的是香港金饰不用缴税，货真价实让人不得不买，作为国际上最主要的珠宝中心，香港每年都会迎来送往大批购买金饰的游客。

从香港金银贸易市场成立后，香港黄金市场逐渐开始形成，前前后后经历了90年的历史，1974年，为了发展香港金市，香港政府曾经采取撤销对黄金的进出口管制措施，也是这个原因香港金市有了飞速的发展，由于国际时差的原因，纽约、芝加哥黄金市场收市后，是香港黄金市场开市的时间，其后紧跟着是伦敦黄金市场开市，香港恰好处于其中的空当之间，这一巧合也使得香港轻易的就成了连贯亚、欧、美世界黄金市场的枢纽，如此优越的地理条件也让欧洲金商们觅到了商机，伦敦金商、瑞士银行等争相在港设立各自的分公司，伦敦的黄金买卖活动被引至香港，形成了香港当地的“伦敦金市场”，这些原因都使得香港成了世界重点黄金市场之一。

金饰的价格及信誉历来是消费者最关注的问题，在香港购买珠宝金饰不必顾虑太多，前文已经提过香港金饰的价格非常的公道，成色也很可靠，再就是信誉问题，黄金及金饰市场在香港已经有了相当长时间的历史，加之纯度上又有法律监管的介入，商家保证百分百退货，因此可以说在香港购买金饰几乎没有后顾之忧。

在改革开放初期的时候，若是说谁从香港带回一些金饰的话，那可是一件非常荣耀的事情，每每与人讲起来总是引得众人羡慕嫉妒不已，时至今日，更多的人都有机会去香港游玩，香港首饰魅力可谓不减当年，在这座大都市里，有着全世界上种类最多、款式最新最漂亮的黄金饰品，每个人都能够在其中挑选到她（他）的心头最爱，走，到香港买金饰去！已经被大家众所周知。

第二节 在澳门“寻宝”

澳门处在我国东南沿海珠江三角洲附近地带，是我国的特别行政区之一，它与香港之间距离大约60公里，澳门有着许多的大型赌场，被称作“世界四大赌城”之一。

澳门经济在赌场经济的带动之下一直长盛不衰，成了全球最富裕的城市之一，这里的旅游业、纺织品、酒店业和娱乐场等产业发展良好，澳门的葡国葡萄酒也非常的出名，口味地道可口，澳门之旅带回几瓶葡萄酒似乎早已成为人们的一种习惯，另外，澳门的艺术画非常具有欣赏价值，别忘了前去瞧一瞧。

澳门版画

澳门有许多当地和来自各个国家的一些艺术家，这些艺术家的作品时常会在当地的画廊进行展出，展出地点通常都是在民政总署、东方基金会、旅游局或者旅游活动中心，展出的作品现场就可以进行交易，澳门当地的报章会刊时常会刊登画展的相关消息，旅游的时候可以顺便关注一下此类讯息，像传统的中国画在新马路邮政总局旁边的工艺品店就能够买到，古画在花王堂街的商店可以买到。

我国是最古老的版画发源地，千百年来，随着时代发展版画也得到了进一步的发展，澳门地处珠江口岸，在400多年前就已经成了西洋版画东传的一个主要门户了，到了近代，澳门更是多次举办版画的相关展览，使得版画创作艺术爱好者越来越多。2009年秋，澳门版画研究中心应运而生，中心会长是原澳门资深版画家王祯宝先生，中心的会员们基本上都来自社会各个阶层，澳门版画研究中心聚集了社会各界热爱版画创作的爱好者，中心创办的主要目的就是想要通过大家多次的研究与实践，探索和创作出更多更好的澳门版画，他们结合当下的艺术潮流，帮助版画爱好者不断开拓事业与创作水平。2010年初的时候，研究中心第一次走出澳门，在日本举办了一场现代版画展，没想到好评如潮，展出的全部作品都被推荐到当地参加艺术节展出，这次日本展出的澳门版画作品技法主要以蚀刻为主，也有单张设色进行大胆尝试的，这届澳门版画展出的作品是展现澳门版画水平与艺术风貌最为全面的一次完美展出。

澳门现代版画题材非常的自由，与早期风景、历史传统故事为题材的版画相比较，现代的版画主题很多都是来自创造者的生活及对现代生活的一种反思，所感所想都被作者融入到了作品当中，另外，由于铜版画能够不断的重复印刷，与国画和油画比较起来，澳门版画投入市场显得更加具有竞争力。

葡国葡萄酒

澳门的葡萄酒非常有名，当地的葡萄酒全部从葡萄牙直接进口，由于免收关税，所以价格相对便宜，葡萄牙是世界著名的酒乡，因此到澳门旅游时买上几瓶红酒几乎成了游客们的共识，只需要花较为实在的价格就能够买到绝对地道的正宗葡国红、白葡萄酒。

葡国的葡萄酒闻名世界，是世界六大产酒国之一，在澳门的超市里都设有葡萄酒的专卖区，很轻易的就能买到葡国葡萄酒，而且绝对都是正宗葡萄牙产，每瓶葡萄酒的价格通常在 30 澳币至 500 澳币不等，至于红白葡萄酒两者的区别也很简单，看一看葡萄酒的标签就能识别出来，通常标有“vinho tinto”的就是红葡萄酒，标有“vinho branco”的是白葡萄酒，另外还有两种，一种叫做青绿酒的，其特点就是口味比较重，另外一种叫做波特酒，这款酒则更适合在用餐时与甜点搭配，这些葡萄酒可都是葡萄牙的特产，到澳门旅游千万别错过购买的大好机会，也许有些朋友想先品尝才购买，那么，介绍一个好去处——“澳门葡萄酒博物馆”，在这座特殊的博物馆里专门珍藏着各种上好的葡萄酒，不同的葡萄酒款加起来约有 500 种之多，在博物馆里每天都会提供几款酒专供游客们进行品尝，专业人员还会针对相关葡萄酒进行讲解。

葡萄牙地区属于典型的地中海气候，夏季一般气温较高比较干燥，葡国当地的土壤也是富含一些钙、花岗石和沙等一些矿物质，非常适合葡萄的生长，葡萄牙处处都种满了葡萄，葡萄的种类也非常的多，其中红葡萄的种植总面积最大，占到了总数的 72%，白葡萄占到了 21%，绿葡萄占到了 7%，不论是葡萄酒的色、香还是含酸性方面，质量都是处在一个较高的水平上。葡萄牙的第二大城市波尔图被称作“酒都”，享有盛名的葡萄酒就是从波尔图产出的，在欧美等一些国家，葡萄酒常被用作饭后的开胃酒，受到了一些王室和贵族们的一致推崇，国外的一些领导人在访问葡萄牙之余都少不了购买一些当地的葡萄酒，尤其是波尔图的南部一个叫做阿连特茹的省份，是有名的产酒大省和农业大省，一些知名的家喻户晓的葡国葡萄酒品牌都是产自这里。

众所周知，在世界上法国的葡萄酒最为醇正，可是英法百年之战，英国转而开始大批量的从葡萄牙进口葡萄酒，一直到现在都还是这样，到了每年夏天，你会经常看到前往葡萄牙游玩的一些外国游客在享受阳光和沙滩的同时，身边总也少不了一杯红酒的相伴。可以毫不夸张地说，葡萄酒已经成为葡萄牙人的“国宝”。葡国葡萄酒之所以那么的驰名海外，也是和葡国人强烈的责任心分不开的，这里的人们非常的重视葡酒的生产，他们具有强烈的质量忧患意识，对自己酿酒的全过程要求的非常严格，这些都促使葡国的葡萄种植业不断的创造新高，生产总值占到了全国食品总生产量的40%，占有很大的比例！早先的时候葡国酒的品牌在中国的葡萄酒市场上可以说是凤毛麟角，原因就是那时葡国的出口目标主要是欧美一些传统消费国，但是随着中国经济的不断发展，市场环境得到了很大的改善，尤其是中国的一些年轻新贵们对葡萄酒有了一定的热情。当葡国将目光投向中国大陆的那一刻起，一场葡萄酒界的“航海大发现”就已经在中国上演了！

想要品尝享誉世界的葡国葡萄酒，到了澳门就可以实现了，建议大家在购买葡萄酒之前前往葡萄酒博物馆了解一些酒的基本知识，包括怎么去区分不同产地的葡萄酒，如何区分青葡萄酒与红葡萄酒，怎样辨别质量上乘的波尔图甜酒等相关知识。在全澳门所有的超级市场内，或者是街头的一些小店铺，码头、机场或者边境的免税店，你都可以轻而易举地看到葡萄酒的身影，来去匆匆的游客也能够非常方便地买到地道的葡萄酒，只是价格方面会有些差异，普通的餐酒比较便宜些，花上数百元的澳币只能够买到波尔图稍微上乘些的酒。

第三节 在台湾“寻宝”

台湾岛是我国的第一大岛，这个曾经号称亚洲四小龙的宝地，其经济和文化都一直都在快速发展着。

在台湾寻宝，建议大家一定要前往木雕之乡三义去看一看，三义木雕绝对值得玩味一番，另外还有莺歌陶瓷和好看的美浓油纸伞都不容错过。

三义木雕

台湾苗栗县南端的三义被称作木雕乡，水美路及广声新城社区里面，有大约二三百家当地人开的木雕店，初到这里，会闻到一股木香，耳边能听到叮咚的敲击声，打听过后方能了解：台湾三义木雕这项传承了近百年的行业，如今仍然红红火火，木雕艺人仍旧在兢兢业业的进行这项产业。

三义木雕的历史是随着三义第一家木雕店的设立开始的，在三义乡水美路是三义木雕业最为集中的地带，200 多家雕刻店路两旁罗列着，一直延展到了伯公坑，这里所展出进行销售的木雕艺品各式各样，大的像原木桌椅、屏风壁饰，小的像虫鱼鸟兽，非常的齐全，这当中尤其以宗教人物、原木桌椅、天然奇木属于大宗的木雕，表现出三义木雕与生活的关系之密切。除了水美路，三义另一处木雕重镇就是位于广声新城的神雕屯，这里主要都是一些个人工作室，可以淘到很多极富创意的作品，有时你还会看到木雕技师现场展示拿手绝活，那就可以大饱眼福了。

三义属于平原较少、山地较多的地势，由于地处南北方气候的交界处，山峦绵延加上多雾湿冷，另外当地呈酸性的土壤，这些都给樟木的生长提供了最佳的环境，樟木树根无比的粗阔和浅露，经过长年的日晒和雨淋加上白蚁的蛀蚀，如今这里已经长出了形态各异的各种天然奇木，樟木的质地非常坚硬而且防腐，其清香的气味还能够驱虫，因此对这种木料稍加整理和磨平，就可以制作成一种天然的艺术品。

三义木雕的特色主要就是因材施雕，像用天然的奇木进行塑形、木头的轮纹作为衬景，其最主要的是在于雕琢方面的技巧，看着一些长得奇形怪状的木头没有什么用，可是一些有经验的雕刻师，却能够经过刀劈斧凿，化腐朽为神奇，这就是三义木雕的珍贵之处，尽管各家店内所展示的木雕艺品种类似乎差不太多，可是每件三义木雕各艺师所注入的神韵都不尽相同，这些都是相当值得玩味的地方。

现如今，坐落在台湾神雕屯尾的一家木雕博物馆，可是全台湾岛唯一一家以木雕为主题的博物馆，这也代表着三义木雕的一种精神标的，馆中收藏的大多都是老艺师的一些传世之作，还有一些现代大师及美展当中的获奖作品。

莺歌陶瓷

莺歌当地盛产陶瓷，因此这里也被人们冠以了“台湾景德镇”的美誉。

传说有一个关于莺歌陶瓷的故事，故事的发生要从尖山埔路说起，尖山埔路可是当年莺歌陶瓷的一处发源地，也是俗称的一条陶瓷老街，早在清嘉庆年间的时候，来自福建泉州的吴岸等人就已经开始进行制作陶器，因为这里的土壤非常的适合制陶使用，再加上附近山林较为广阔，砍伐来的柴薪完全能够供得上烧窑之所需，因此，当地陶瓷业很快就得到了蓬勃的发展，莺歌的陶瓷生产逐渐也从一般的生活用品，开始向一些要求更高的质精量大的工业瓷及建筑用瓷上发展。

莺歌陶瓷老街位于台湾文化路和尖山埔路一带，这里是莺歌陶业最早的一个聚集地，早期时候这里是一派窑厂林立，红火不已的热闹场面，到目前这里的陶瓷工艺已经有200年的历史了，最早的生产技艺都是由大陆师傅流传过去的，使用的坯土也都是从尖山附近发掘的，这些都使得尖山埔地区成了台湾的著名陶瓷重镇。

莺歌陶瓷老街的陶瓷商店总共有100多家，整个看起来就好像是一座生活陶瓷的博物馆，精致的艺术中心各具特色，有大宗的餐具专卖店，还有经营了好几代的莺歌陶瓷世家等，加上这里的一些工厂直营商店及陶艺家的个人工作室，到了这里你随处就能够与艺术进行对话。每家店铺所陈设的风格和商品都各具特色，绝对是你前往台湾之行欣赏精美陶艺的一个好的去处，在此你能够找得到各种实用的生活器皿与创意陶器，货色非常的齐全，价钱也相当的合理，风格上古朴与新意兼具，甚至有不少都还是当地的一些艺术家倾心制作，每一件莺歌陶瓷都融入了技师们的心血与艺术创造力，值得珍藏。

美浓油纸伞

在台湾省高雄县的东南部有一个叫做美浓的小镇，这里的人口约有

58000千人，这些人以广东客家人为主，他们齐聚于此过着幸福的生活，这座依山傍水的小镇，自然风光秀丽柔美，客家人民热情好客，最主要的是这里有一样民俗宝物——具有传统特色的美浓油纸伞，这种纸伞以其非常典雅的造型、精巧的做工闻名于世。

台湾美浓油纸伞是在100多年前的时候发展起来的，当时广东梅县有位著名的制伞师叫做郭玉琴，他到了台湾后就在美浓小镇定居了下来，而且继续开展自己的制伞业，于是广东客家人的油纸伞从此在台湾落地生根。还有传说称油纸伞是春秋时期鲁班师傅发明的，因此台湾只要是会制作纸伞的人家，都会供奉有仙师鲁班的牌位，作为自家的保护神之意。由于受到当地传统客家习俗的影响，女子结婚嫁妆当中必须要备有两把油纸伞，原因是“纸”与“子”为谐音，预示着早生贵子，而且伞面为圆形主要是想要讨个好彩头，为“万事圆满”之意。

美浓油纸伞的制作非常精致，从外观上看起来极富美感。台湾美浓油纸伞是纯手工制作而成，制作过程非常的复杂，每一把纸伞都要经过锯竹、泡水、穿线、贴面纸等十几个工序才能完成，油纸伞的伞骨一般会选取全台湾最上等的孟宗竹，匠人将其经过浸水之后再加以削制成伞骨，竹身硬且富有弹性，细长的伞骨制成以后，还要在伞骨上钻孔和穿线，这时，一顶圆形的纸伞骨架基本算是成型了，接着把事先剪好的扇形绵纸粘在骨架之上，经过反复的曝晒，最后涂上一层防水桐油，一把美丽实用的油纸伞就大功告成了。涂上防水桐油的油纸伞，不仅具有防水功能，棉纸也变得更有韧性，使得原本单调粗俗的绵纸能够变得十分的亮丽透明，手工制作的油纸伞优点就是特别坚固耐用，伞收拢后不容易产生褶皱，把伞打开后伞面上的中国书画也很有瞧头，伞面上的绘画带着非常浓郁的中国传统文化韵味，技师们在伞面上描绘出各种丰富的内容，像山水河流、花鸟虫鱼等，游客可以根据自己的喜好进行自由的挑选。

美丽多彩的美浓油纸伞一开始只是作为生活用品使用，发展到现在成为台湾美浓极富盛名的一种艺术品，尤其是伞上作画的绝技让人们眼界大开，连连称奇，已经被越来越多的人视作台湾之行必定要淘的一件民俗宝物。

美浓油纸伞是老一辈艺人流传下来的拿手绝活，由于代代相传的原因，使其制作技艺得以延续至今，现在制作出来的油纸伞尤其看重古典与美观，游客到台湾游玩，也都会禁不住要到美浓一睹油纸伞的迷人风采！